古典
新读

解答のない兵法

《孙子》:没有答案的兵法

[日] 平田昌司 著

黄沉默 译

Simplified Chinese Copyright © 2024 by SDX Joint Publishing Company.
All Rights Reserved.
本作品简体中文版权由生活·读书·新知三联书店所有。
未经许可，不得翻印。

SONSHI: KAITO NO NAI HEIHO
by Shoji Hirata
© 2009 by Shoji Hirata
Originally published in 2009 by Iwanami Shoten, Publishers, Tokyo.
This simplified Chinese edition published 2023
by SDX Joint Publishing Co., Ltd., Beijing
by arrangement with Iwanami Shoten, Publishers, Tokyo

图书在版编目（CIP）数据

《孙子》：没有答案的兵法 /（日）平田昌司著；
黄沉默译 . —北京：生活·读书·新知三联书店，2024.1
（古典新读）
ISBN 978-7-108-07707-3

Ⅰ . ①孙… Ⅱ . ①平… ②黄… Ⅲ . ①《孙子兵法》－
研究 Ⅳ . ① E892.25

中国国家版本馆 CIP 数据核字（2023）第 165310 号

责任编辑	陈富余
装帧设计	薛　宇
责任校对	曹忠苓
责任印制	宋　家
出版发行	生活·讀書·新知 三联书店 （北京市东城区美术馆东街 22 号 100010）
网　　址	www.sdxjpc.com
图　　字	01-2018-4979
经　　销	新华书店
印　　刷	三河市航远印刷有限公司
版　　次	2024 年 1 月北京第 1 版 2024 年 1 月北京第 1 次印刷
开　　本	850 毫米 ×1168 毫米　1/32　印张 7
字　　数	143 千字
印　　数	0,001-5,000 册
定　　价	39.00 元

（印装查询：01064002715；邮购查询：01084010542）

《群书治要》卷三十三的《孙子兵法》，
日本九条家传承的平安时代抄本

《群书治要》是唐太宗敕命编著的帝王用书，由众多文献摘录汇编而成。在中国失传，仅流传于日本。收入此书卷三十三的《孙子兵法》曹操注摘录，仍保留着唐代初期的风貌，极为珍贵。东京国立博物馆收藏。图片来源：TNM Image Archives

目 录

前　言　/ 1

第一部分
书籍的旅行 —— 对不败的渴望

第一章　战争的语言化
　　　　——《孙子》的原型　　/ 5
第二章　成书与传承　/ 15
第三章　日本的《孙子》
　　　　——到江户时代末期　　/ 73
第四章　在帝国与"冷战"之下　　/ 109

第二部分
畅游于作品的世界 —— 辞如珠玉

第一章　为了帝王
　　　　——《群书治要》卷三十三　／141

第二章　形与势
　　　　——永禄三年的解读　／159

第三章　应要不确定
　　　　——银雀山汉墓出土竹简《奇正》　／175

第四章　集体与自然条件
　　　　——西夏文译《孙子》　／190

结　语　／202

附　注　／207

参考文献　／208

前　言

《孙子》的雏形被推定为形成于战国时代中期（前4世纪前后）。英国科学史专家李约瑟评价《孙子》"至今仍得到西洋及亚洲军事相关人员的最高赞誉"，可以说《孙子》是在世界范围内享有极高知名度的中国古代典籍之一。

然而阅读一遍原文之后，人们或许会因为《孙子》平静的叙述方式而有期待落空之感。书中没有壮丽辉煌的战史，没有将军们的逸闻趣事，也没有必胜的具体对策等引人入胜的内容，只有对人群该如何行动，以及他们如何受自然环境等外部条件制约的简洁说明。《孙子》由十三篇组成，全文六千余字，如果不加标点，抄到一页四百字的稿纸上，只需要十六页即可抄完。其字数只有《论语》的40%左右，和《老子》的篇幅相差无几。

如果按顺序细读这十三篇，会发现有的篇章内容是完整的，但有的篇章会突然转换话题，不同部分之间差别较大。《孙子》的论述并非从头至尾都是整齐连贯的。那么，《孙子》是如何成书的？具有什么样的特色？又是怎样被传承和解读的？本书将尝试对这些问题进行解答。

本书的第一部分主要讲《孙子》的产生及其在各地传播的知识背景。书中所引《孙子》原文、训读、现代日文翻译等原则上参照岩波文库版的金谷治译注《新订 孙子》（2002）。金谷氏的译文尽可能原汁原味地保留了《孙子》的韵味，解说亦简明扼要，值得信赖。引用处均注"新订×页"。

在第二部分，首先通过镰仓时代风格的训读分析《群书治要》中摘录的《孙子兵法》全文。《群书治要》是唐太宗下令编纂的治政书籍。接着通过室町时代后期永禄三年（1560）的训读，探讨《孙子》中尤其被认为抽象的《形篇》和《势篇》的内容。然后解读银雀山汉墓出土的竹简《奇正》，此为孙氏学派对《孙子》的继承。另外，本部分还将介绍《行军篇》西夏文译文的部分内容，作为中国西北少数民族接触《孙子》的例证。

本书中出现的战国时代均指中国历史的时代划分（前475—前221），为了避免混乱，不使用日本的"战国时代"。当提及江户时代的汉学学者时，原则上以其号称呼。

第一部分

书籍的旅行——对不败的渴望

第一章 | 战争的语言化
——《孙子》的原型

《孙子》的语言文字

《孙子》是一位"孙(姓)大学者"的著作,它有着各式别名,比如《孙子兵法》《孙武兵经》《孙武子》。至于它本来的名字是什么,则没有标准的答案。中国台北故宫博物院所藏的清朝考据学家王念孙(1744—1832)亲笔校订的《孙子》中,推测原本的书名是《兵法》。

"兵法"意为作战的方法,听上去似乎只讲技术。实际阅读后会发现,书中除了战斗所需的前提知识外,几乎没有其他内容。即便如此,《孙子》却从很早开始就被认为是中国古代的优秀作品之一。公元5世纪末南朝梁刘勰所著的文学论著《文心雕龙》的《程器篇》中有如下记载:

孙武兵经,辞如珠玉,岂以习武而不晓文也。

以11世纪的梅尧臣、苏洵为首,历代文家中对《孙子》给予肯定的不在少数。他们喜爱《孙子》，是因为他们认为《孙子》使用了准确及简洁有序的语言来说明深奥的内容。关于《孙子》，在日本也有如下评语，比如荻生徂徕（1666—1728）认为，"纵览兵书，再无《孙子》这般佳作。历代文人对其盛赞也不是因为孙子在文章上下了苦功夫，而是因其道理之妙，因这无处不在的道理，其文章自然也就胜过他书"（《孙子国字解·九变篇》）；赖山阳（1780—1832）说，"语言平易而精妙绝伦者唯《论语》，可与《论语》相比者唯《孙子》十三篇"（《山阳先生书后·卷上·书〈孙子〉后》）。到了吉田松阴（1830—1859），他逐句逐段地分析了《孙子》，写出了一部可称为修辞法研究的佳作（将在第一部分第三章进行讨论）。

为展示《孙子》中蕴含的文学性，此处举《军争篇》中为人熟知的一节为例：

> 故其疾如风，其徐如林，侵掠如火，不动如山，难知如阴，动如雷震。

上面引用的是第二部分第二章要讲的永禄三年——第四次川中岛合战的前一年——的训读。如果只讲求实用性的话，那么像"如风""如林"这类表达就没有什么意义。然而将言语美化之后，留给读者的印象就会变得鲜明许多。还有一点，"徐如林"并不是如森林般寂静的意思。荻生徂徕的解释是，"〔行进中的〕队列整齐不乱，法令〔军规〕明确有序，如林中群木高高耸立，威严庄重，难以接近"。"徐"与"疾"相对，为沉着缓慢的意思，与表示不动、无声的"静"不同（《孙子国字解·军争篇》）。有一英译版本将此句译为"in leisurely march, majestic as the forest"〔格里菲斯（Samuel B. Griffith）〕。

20世纪中国文学的代表人物之一钱锺书（1910—1998）指出，用诗一般的表现手法描写军队的例子早在《诗经·大雅·常武》中就已出现（《管锥编（一）》，中华书局,1979年）。

王旅啴啴	王师威武人众多
如飞如翰	进军神速如鸟翔
如江如汉	如江如汉势汹涌
如山之苞	如山如岳立得定
如川之流	有如洪流不可挡
绵绵翼翼	连绵大军阵容整
不测不克	难以测度难战胜
濯征徐国	大征徐国东南定

虽然《常武》的创作年代无法确定，但相传是为纪念公元前9世纪在位的周宣王的战功而作，自然是早于"其疾如风"的。由此可知，在《孙子》之前，兵法的文字表述就已经存在了。

同样属于《诗经·大雅》的《大明》，诗中这样歌颂辅佐君王的将军：

维师尚父	参谋指挥师尚父
时维鹰扬	如同雄鹰在飞扬
凉彼武王	辅佐武王打胜仗

"师尚父"是对太公望吕尚（即姜太公）的尊称，公元前11世纪中叶，仕于周武王的太公望在牧野之战取得胜利，进而促成了殷、周王朝的更替。他的军事谋略被口耳相传，以至于后来出现了假托为太公望所著的兵书《六韬》。这种诗句的存在表明，指挥官的优秀才能从很早开始就是被赞颂的对象。

表1——今本《孙子》篇名一览

计篇第一（始计篇）

作战篇第二

谋攻篇第三

形篇第四（军形篇）

势篇第五（兵势篇）

虚实篇第六＊

军争篇第七

九变篇第八

行军篇第九

地形篇第十

九地篇第十一

火攻篇第十二

用间篇第十三

＊竹简本为"实虚篇"或"神要篇"

另外，我们还能看到几乎是同一时期的关于作战的具体报告。于周康王在位期间的公元前996年左右制成的青铜器"小盂鼎"，纪念的是周王朝与西北强族鬼方两次作战两次皆胜之事。据铭文记载，第一次战斗周军杀敌四千八百余人，俘虏一万三千零八十一人，俘获车三十辆、牛三百五十五头、羊二十八头。在接下来的第二次战斗中，杀敌一百三十七人，虏获马一百零四匹、车一百余辆。（马承源主编《商周青铜器铭文选（三）》，文物出版社，1988年）

上文出现的数字可能存在夸张的成分。然而，既然能统率一个大部队并对战果进行详细记录，就说明军队组织应该十分规整，制度也是规定好的。精于中国古文字学和军事史的李零推断，像这种军队组织运营的细则合称"军法"，从中发展出并形成了"兵法"。"军法"的产生相当早。《易经》中的卦辞被认为形成于春秋之前，其"师"卦下有"师出以律，否臧凶"——"军队行动要遵守军律，（如果破坏了军律，结果）不管是战败还是胜利，都是凶"。

想要知道作战的具体过程，还得等到"鲁国编年史"《春秋》的注释书《春秋左氏传》(《左传》)的出现。公元前712年，曾在现陕西省附近活动的民族北戎对位于现河南省的郑国发起了攻击。迎战的郑国军队以战车为主力，在与以步兵为中心的敌军的交战中陷于不利。这个时候，郑国制定了让诱敌部队撤退，待北戎追击之时以三方伏兵袭击的作战策略，并以此获胜。（小仓芳彦译《春秋左氏传（上）》，岩波文库，第52页）而在公元前707年周桓王攻郑的繻葛之战中，郑国布下"鱼丽之阵"，先击溃战意消极的敌军左翼，再捣碎右翼，最后才集中兵力攻打周王的大本营，以此作战方式获得了胜利。（同上，第14页）《左传》中最后的记录为公元前468年，成书时间应为进入战国时代以后。然而这两则逸事出现在被汉语语法史研究者何乐士判定为在语言上更为古老的《左传》的前半部（隐公—成公），所以它们源于编纂前就传承下来的原始资料的可能性非常高（《〈左传〉前八公与后四公的语法差异》，《古汉语研究》，1988年第1期）。

写有军事格言的《军志》也可能在公元前7世纪就已经出现。《左传·僖公二十八年》（前632）中有"《军志》曰：'允当则归。'又曰：'知难而退。'又曰：'有德不可敌。'"为例。小仓芳彦将其译为"兵书中有'适可而止'，有'知难而退'，有'不抵抗有德之人'"（同上，第285—286页）。

由上述内容可知，《孙子》并不是全凭著者一人的思考写成的书，而是以"军法"、史书、"军志"等数百年来的知识积累为基础的。现举几处《孙子》利用比其早的文献的例子：首先，

兵法：一曰度，二曰量，三曰数，四曰称，五曰胜。

关于这一条，荻生徂徕认为是"借用古军书之语。'兵法'

指的是军法。借用了讲述军法的古书之语，故用'兵法'二字"，是对过去的兵书的引用。另外，

军政曰：言不相闻，故为金鼓；视不相见，故为旌旗。

关于这一条，荻生徂徕认为"军政"是书名，"军政，梅尧臣注为'军之旧典'，王晳注为'古军书'。旧是'ふるし'，即古旧，典在典籍指书籍。故指旧时的军书"。

原始资料留下的痕迹

然而并不是所有的例子都像这样对典故的出处有明确的记载。清代学者宋翔凤（1777—1860）认为，在战国时代的文献中，冠以"故曰""是故"的语句一般都是对古语的引用（《过庭录》卷十四）。宋翔凤指出的这一点，非常符合本身就注释性很强的文献（《管子·形势解》《韩非子·解老》等）的情况。今本《孙子》中出现了五例"故曰"，现举其中较有名的一例。

故曰：知彼知己者，百战不殆。不知彼而知己，一胜一负。不知彼不知己，每战必殆。

《谋攻篇》（黑点表示汉语上古音的押韵）

徂徠推定"这一段引古语来总结整篇的内容。从'曰'字可知其引自古语"（本书92页，图15），编成韵文以便记忆的兵法要诀，被引用到了《孙子》中。

但"是故"一词则并不像宋翔凤说得那么简单，难以判断为引用的例子也很多。然就上文所举的"军政曰"的原文，在后文将会提到的汉代竹简本中为"是故军〔政曰——原文缺损〕"，从这里或许可以看出引用与"是故"之间的紧密关联。《孙子》中出现了十六处"是故"，下文所举是可以看作引用的其中一例。此处也押韵。

是故始如处女，敌人开户；后如脱兔，敌不及拒。

《九地篇》

《九地篇》在《孙子》十三篇中篇幅最长，约占总字数的17%。此篇相对集中地出现了八处"故曰""是故"，占全文用例的30%以上。如此看来，《孙子》也就有可能是一个混合体，混合了偏向独立论说的篇章和偏向注释古语的篇章。另外，刘殿爵于1965年在关于《孙子》文本研究的论文中提出了以下两点，是研究《孙子》的成书过程时需要注意的（刘殿爵，"Some Notes on the *Sun tzu*"）：

战国时代的作品一般由较短的段落编辑而成，而将某些段落合成一篇的标准仅仅是因为某个重要的语句刚好在这几个段落中都有而已。因此，对于注释者和译者而言，最重要的任务是选择合理的分段方式。

在古代的文本中出现与前后文无任何关联的段落，这种情况并不少见……有可能是前后段落的异本，但也有可能是因为恰好内容关于同一主题，所以被收录了进去。

刘殿爵的看法暗示了《孙子》收录的有可能不只是以前文献的语句，也可能是一整个段落。近年，石井真美子研究了《孙子》的结构，评价其为"混乱的书"，认为《孙子》的原貌在经历了复杂的编纂过程后已经改变（《〈孙子〉的构造与错简》）。大家细读《孙子》就会发现，石井的感觉并没有错。但笔者赞同刘殿爵的意见，《孙子》各篇属于松散的集合体，从形成阶段开始就采用了多种资料，并可能由此导致了如今所见的"混乱"，而不一定就是在传承过程中产生的。1993年出土的战国时代郭店楚墓竹简中也有集合了杂乱内容片段的文献（校订者为其取名《语丛》），可见古代资料并不都是规整的。

"军师"的出现

如果说《孙子》是利用古老传说及文献等新编而成的话，那它又为何会出现呢？其中一种说法认为，《孙子》出现的原因是春秋至战国期间战争所发生的变化。春秋时代的战争以贵族为中心。他们兼备六艺，即礼（社会规范）、乐（音乐）、射（箭术）、御（驾驶马拉战车）、书（阅读书写）、数（算术）的教养，平时处于统治地位，非常时期则成为战士。学习作战的礼法和拥有武器都曾是贵族的特权。然而公元前5世纪，从春秋到战国，战争的规模扩大，开始出现将武器也分配给平民的动员体制。为了让既不具备战士素养，同时也没有身份自豪感的群众能够积极参与战斗，统帅组织和统率人群的技巧就变得不可或缺。

研究古代中国社会暴力史的陆威仪（M.E. Lewis, *Sanctioned Violence in Early China*）在考虑上述因素的基础上指出了战国时代新统帅应具备的四个特征。第一，学习兵书；第二，为了组织和动员群众投入关怀；第三，从战斗的混乱中归纳规律；第四，不局限于军事而将视野拓宽到政治权力、社会秩序领域。

陆威仪还进一步指出，接受军事教育，只具备关于各种战术和新兵器使用的知识，而不讲求在战场上的武艺及马车驾驭本领的专家团，即"军师"的出现才是战国时代的特征。虽然这是个非常有意思的看法，但就如上文指出的那样，军事知识在春秋时代之前就开始在各阶层积累。另外，陆威仪很重视从遵礼的贵族之间的战斗到平民的战斗这一变化，但其实我们很难相信自太古起就频繁发生的与异民族之间的战争也都遵循了礼法。其实我们应该这样认为，自古累积的军事知识开始在各地域和各阶层扩散，并逐渐语言化，还出现了一批以此为专业进行教授指导的人，这便是战国时代。

第二章 ｜ 成书与传承

知识迁移的时代

依据司马迁《史记·孙子吴起列传》，被称为"孙子兵法"的书有两种：一种是春秋时代的孙武（被认为是公元前6世纪末人）所著的十三篇；另一种是据传为孙武后代的战国时代的孙膑（公元前4世纪人）所著的兵法。现称为《孙子》的典籍一般是前者的十三篇，其在汉代就已经是当时的必读兵书。而孙膑的兵法，到公元1世纪为止确有流传，之后一度失传，重新被发现是在1972年。

《孙子》十三篇的传播，带有前章所述的知识扩散的色调。《史记》的说法是，孙武出身齐国（现山东省一带），曾效力于吴王阖闾（阖庐、盖庐，前514—前496年在位），而吴国能攻破强大的邻国楚乃是借孙武之力。至于孙武到底是不是真实存在过的人物，以及他是否真的是《孙子》的著者，后文会有探讨，此处暂依《史记》之言。

孙武所在的齐国和南方的吴国（现江苏省一带）相距甚远，

他为何会特意去到吴国呢？而且吴、长江中游的楚、东南沿海的越（现浙江省一带）诸国，与黄河中下游的中原诸国在语言和文化上都有很大不同。此处依据《左传》和《史记》整理了吴与中原诸国从开始接触到灭亡的历史：

公元前584年　晋国的使者申公巫臣为吴国传授了阵法和战车的使用方法。

公元前549年　楚国舟师（水军）伐吴。

公元前525年　吴国伐楚。吴王之舟"余皇"一度被楚军夺走。

公元前522年　楚国的伍子胥亡命吴国。

公元前514年　吴王阖闾即位。楚国的伯嚭亡命吴国。（如果相信《史记》的记载，那么从这一年到公元前512年之间，阖闾应当是见过孙武的。）

公元前512年　孙武成为将军，与阖闾一同攻楚。

公元前506年　吴国攻下楚国的首都郢城。

公元前505年　趁吴军在楚国之际，越国攻吴国。

公元前497年　孔子离开母国鲁国。

公元前496年　越王勾践即位。阖闾在与越军的战争中负伤而亡，其子夫差即位。

公元前494年　勾践向吴王夫差投降。

公元前488年　吴国伐齐，召鲁哀公于缯地。

公元前485年　吴国与鲁国协作，于海上攻齐。

公元前484年　孔子结束在各国的客居生活，回到鲁国。

公元前482年　夫差与诸侯在黄池（现河南省新乡市封丘县）会盟。越国攻吴。

公元前479年　孔子去世。

公元前473年　越国攻陷吴国，夫差自杀。吴国灭亡。

在长江流域，处于中游区域的楚国首先成为强国，而下游区域的吴国则于公元前6世纪末才开始与楚国抗衡。虽然年表中没有表示出来，但其实楚吴之间战事非常频繁。吴王阖闾即位之后，吴国实力迅速增强，在公元前506年攻陷了楚的国都。阖闾在公元前496年与越国的战争中受伤而亡，但他的武勇之名一直被传颂至两百多年后的秦朝（《吕氏春秋·离俗览·上德》）。阖闾的后继者夫差则进一步扩大势力，虽然到公元前473年灭亡只有短短一段时间，却达到了足以威胁中原诸国的程度。

依据《史记·货殖列传》，从阖闾时代开始，吴国就积极网罗非本国出身的人才。在吴国境内，沿海地区可以制盐，章山（现浙江省安吉县）可以采铜，还有河川和五湖（现太湖）的物产，其经济实力也在增强。（小川环树等译《史记列传（五）》，岩波文库，第163页）观察上文年表的这110年可以发现，共有三次是外来者给吴带来了军事知识，这一点也很值得注意。于公元前584年来吴的申公巫臣原是楚国的臣民，亡命到了北方的晋国（现山西省一带）为官，在作为使者访问吴国时向其传授了中原的战术。而在公元前522年来到吴国的伍子胥也是楚国人，因为其父被楚王所杀于是逃亡至吴国，帮助与楚国打仗的吴国，试图为父报仇。后来还出现了以他的名字命名的兵法《五子胥〔伍子胥〕》十篇和图一卷（《汉书·艺文志》）。再就是从齐国来的孙武。虽然齐和吴不属于政治中心地带，但它们不仅国境相接，海路亦相通。试想，从处于文化优势的晋、楚、齐等地来到处于边缘的吴国，若来者能提供兵法等知识，多半会得到隆重的礼遇。虽然也有学者认为《孙子》并不是从齐国带来，而是孙武特意为吴王创作的，但这种可能性比较低。楚、吴、越一带多水滨和湿地，按理来说水上的战斗应该很重要，但今本《孙子》中

图1 《孙子》关系地图。海岸线、河道、湖为春秋时代之物（推定）

几乎没有这方面的记述（见图1），反而是后面将会讲到的《孙膑兵法》的《十阵》篇中有"水战之法"。

这里不禁让人想起和孙武几乎同时代的孔子（前551—前479），他也是游历诸国。孔子在公元前497年离开了出生地鲁国（现山东省西南部）后，在卫、曹、郑、陈等国客居长达十四年。孔子带领并教授弟子诗书礼乐，即"六艺"中的文化教养，若有优秀的人才就让他们在诸侯手下任职，也就是说，他在进行文化移植。因此，接纳了孔子的诸侯也在期待客人能带来兵法知识。《论语·卫灵公》写的是"卫灵公问陈于孔子"。上海博物馆藏战国竹简《曹沫之陈》的内容为鲁国君主庄公和臣下曹沫（公元前7世纪人）之间的军事问答，据此推测，被金谷译为"战阵"的《论语》原文中的"陈〔阵〕"也有可能是指兵法。但无论如何，从公元前6世纪末至公元前5世纪初这段时间开始，以知识和技术为资本进而离乡的人物开始多见于记录。如果孙武从齐南下至吴是事实的话，可能他并非只身远行，而是和孔子一样带领着一群弟子。

对《史记·孙子传》的质疑

若据《史记》，则今本《孙子》当创作于公元前6世纪末。较早对这一点提出明确质疑的是南宋叶适（1150—1223），他以孙武的人物事迹几乎不见于除《史记》外的其他古文献为依据，认为《孙子》是春秋末期到战国初期即公元前5世纪末前后由民间的无名氏写成的著作，而孙武在吴国得到重用等都是夸张的编造之词。(《习学记言》卷四十六)

的确，若依《史记》，则吴王阖闾能够破楚是因孙武之力。可取得了如此功绩的名将，却在春秋战国时代的史书中没有任何记载，在《史记》中也只出现了设法让吴王阖闾的宫女遵守军纪这样的逸事。或许大家都已熟知这个故事，此处还是简单做一介绍。

孙武初次谒见阖闾的时候，王为了测试他的实力，让宫女充当士兵，由孙武来指挥。孙武将一百八十名宫女分为两队，让她们每人持戟，命令她们配合鼓的信号向前后左右转。然而不论他耐心地说多少遍指令，她们都只顾大笑而不认真配合。然后孙武就说："依据兵法，'如果没有得到指令和通知的话，是（下达命令的）将军的责任；下达了命令并要求执行但没有执行的情况下，就是（执行命令的）队长的责任'。"(约束不明，申令不熟，将之罪也。)于是下令斩杀了担任队长的王的两位宠姬。在这之后宫女们就一丝不苟地遵照指令行动了。阖闾虽因宠爱的女人被杀而惊骇，但也由此知晓孙武是一个有能力的指挥官。

（完整内容可参阅新订第186—189页。依银雀山汉墓出土竹简对内容略作了补充）

只有此奇闻流传下来的孙武真的不是一个架空的人物吗？今

本《孙子》会不会是在之后的战国时代写成的呢？

关于这个观点，赞否双方都发表了多种意见，其中江户时代津藩的学者斋藤拙堂（1797—1865）将《孙子》和《史记》《左传》对照，指出了四个疑点，他断定孙武曾任职于春秋时代的吴王阖闾手下之言是司马迁的失误，实际上应与战国时代的孙膑为同一人物。（《拙堂文集》卷四《孙子辨》）其论据如下：

（一）《史记》中记载公元前506年吴破楚是因孙武之力，而详细记述了吴楚战争的《左传》中却没有出现孙武的名字。

（二）根据《史记》，孙武在谒见吴王阖闾之前应已写成《孙子》。当时越国尚弱，然而《虚实篇》中却有"以吾度之，越人之兵虽多，亦奚益于胜败哉"。如果《孙子》不是写于越国变强之后，就无法解释这句话。

（三）依据《左传》，吴越第一次真正交战是在公元前510年。但是，《九地篇》却写道："夫吴人与越人相恶也，当其同舟而济，遇风，其相救也，如左右手。"如果在孙武攻楚的公元前512年以前《孙子》就已经写成的话，那就会变成孙武预见了未来的吴楚对立。

（四）据《史记》记载，吴国公子光在公元前515年派刺客专诸暗杀了他的堂兄弟吴王僚，然后自己即位成为吴王阖闾。孙武同阖闾攻楚是在公元前512年，也就是仅三年后的事情。孙武和阖闾初次见面是在这之前，所以《孙子》的写作和专诸暗杀事件孰先孰后也就无法判断了。然而《九地篇》中却出现有"诸、刿之勇也"。鲁国武将曹刿用匕首威胁齐桓公迫其归还鲁国领土这一事件发生在公元前681年，将同时代的专诸和百余年前的曹刿并举为例则显得不自然。

四点当中的（一）（三），皆川淇园（1734—1807）从《史记·孙子吴起列传》和《孙子》文本之间的矛盾出发，也提出了相似的疑问（淇园先生注《孙武子》，筑波大学中央图书馆藏）。关于（四），新井白石（1657—1725）最早注意到这一点，认为《孙子》的写作应该是在专诸暗杀事件之前，或许在更早的时代曾出现过另一名叫专诸的暗杀者，但同时又提及主张《孙子》成书于战国时代的叶适的说法（《孙武兵法择》卷十一）。宋代中国和江户时代的日本，人们心中的疑问不断积累，在此背景下斋藤拙堂的说法出现了。他仔细阅读、对比了《孙子》和《左传》《史记》，以更有说服力的方式指出了疑点。

在斋藤拙堂之后，关于《孙子》的著者，被认为较大可能是《史记·孙子吴起列传》中出现的另一位"孙子"，即晚孙武一百年活跃于历史舞台的战国时代的齐国军师孙膑。有段时期的主流说法是，孙武为传说中的人物，孙膑才是《孙子》的著者。

至于《孙子》的成书年代，到现在都还没有形成完全统一的看法。下面列举一部分20世纪后出现的说法：

与阖闾会面之前的孙武的创作（何炳棣）
公元前496—前453年（郑良树）

战国初期的公元前4世纪前半（浅野裕一《十三篇〈孙子〉的形成过程》）

战国初期，孙膑之前（武内义雄《孙子之研究》）

公元前400—前320年前后（格里菲斯）

原型出现于战国时代的孙膑之前，或者成立于同一时期（金谷治《新订 孙子》）

战国时代的孙膑的著作（金德建），曹操抄录了孙膑的原著（武内义雄《孙子十三篇的作者》）

战国时代中期（李零似乎认为是公元前4世纪）

战国时代中后期（齐思和认为是公元前4世纪—前3世纪）

晚于公元前3世纪的可能性很高（山田崇仁）

粗略来说，从公元前6世纪末到公元前3世纪，不同观点之间《孙子》的成立年代相差两百余年。

吴孙子兵法与齐孙子——银雀山汉墓出土者为何物

在前文的叙述中笔者没有明确表达，而是使用了像《史记》中出现的名为孙武的人物是否真实存在过，他是否是《孙子》的作者等比较暧昧的说辞。其实关于《孙子》的作者为何人，写成于何时，如前文所示的讨论还在继续。下面将更加详细地分析关于《孙子》作者的问题，但为此需要绕一些远路先来介绍一下中国书籍史的概况。

中国有一门学问叫"目录学",简单来说,就是对书籍分类的研究。对书籍进行分类,其实并不是一件简单的事情。其工作是思考学问产生和分化的历史,判断各个领域的分量轻重并制作详细条目,还要对为什么这样分类做详细解读,对所有的书都进行相应的定位。关于目录学的意义和重要性,井波陵一《知的坐标——中国目录学》(白帝社,2003)中有详细的解说。目录学兴起于汉代,反映了各个时代知识结构的变动,并且不断发展。因此,如果要探寻中国的知识史,首先必须要知道目录学。通过目录学我们可以了解人们曾如何看待兵书与其他学问的关联。

现存可见的最古老的目录学书籍是东汉班固(32—92)《汉书》中的《艺文志》,它以西汉末期的朝廷藏书目录《七略》为基础简要概括而成(本系列丛书,大木康《〈史记〉与〈汉书〉》,生活·读书·新知三联书店,2021,第56页起)。《汉书·艺文志》分六大类,开头是儒家的文献"六艺",其他的思想学派"诸子",接着是文学作品"诗赋",再是"兵书",各种占卜吉凶和预言的书"数术",以及医书"方技"。这六类可以大致区分为:"六艺""诸子""诗赋"是掌权者或是有志于学问之人读的书,"兵书""数术""方技"是面向专业技术人员的书。在战国时代诸侯所渴望的兵书的知识,在汉代的排序中被置于第四位,比"诸子"要靠后。虽然后来随着目录学的发展,中国的书籍分类发生了很大的变动,但轻视兵书的态度一直延续到后世。稍微抬高了兵书地位的是18世纪清乾隆朝编纂的重要丛书

"四库全书"的分类体系。这或许是为了体现王朝的统治者尚武的传统,但这样的举措几乎没有产生任何社会影响。

《汉书·艺文志》中讲到的"兵书"的传承情况如下。西汉初期,公元前200年前后,朝廷曾拥有一百二十八种兵书。张良和韩信对其中内容重复的部分做了整理,合成了三十五种。之后又加入了新发现的资料和汉代写成的著作等,公历纪元前后,步兵校尉任宏在校订的时候已经增加到了"五十三家,七百九十篇,图四十三卷"。任宏在"兵书"之下新设了兵权谋、兵形势、阴阳、兵技巧四种分类。属于第一类"兵权谋"的是下面这十三家,被认为是其他三种的综合(见图2)。

图2 《汉书·艺文志》记载的"吴孙子兵法""齐孙子"。原本为日本国立历史民俗博物馆藏南宋黄善夫刊本。取自《国宝 汉书》(朋友书店,1977)

吴孙子兵法八十二篇，图九卷。齐孙子八十九篇，图四卷。公孙鞅二十七篇。吴起四十八篇。范蠡二篇。大夫种二篇。李（季）子十篇。娷一篇。兵春秋一篇。庞煖三篇。儿良一篇。广武君一篇。韩信三篇。

这些多是依著者的名字整理的。接下来的"兵形势"为十一家。根据李零的说法，相对于说明基本原理的"兵权谋"，这些书讲的是具体的战术，但是详细情况无法得知。"阴阳"为十六家，讲的是与战斗相关的占卜和预兆。"兵技巧"为十三家，是箭术、剑术、格斗、蹴鞠等武术的教科书。另外，"兵书"之外的书籍分类中，明确记载在内容上与军事相关的书籍还有十余种，这说明"兵书"属于综合性领域。

然而问题是，虽然《史记》中记载孙武创作了十三篇的兵法，且今本《孙子》也是十三篇，但《汉书·艺文志》中却找不到任何一处记录是关于这样的兵书的。为《汉书》作注的唐朝人颜师古（581—645）认为，"兵权谋"的"吴孙子兵法八十二篇，图九卷"是吴国孙武的著作，"齐孙子八十九篇，图四卷"是齐国孙膑的著作，但是篇数却对不上。此疑问长久得不到解释，这也是关于《孙子》的著者和年代的论战无法停歇的理由之一。

1972年4月，山东省临沂县（现临沂市）银雀山西汉初期墓穴的发掘使《孙子》的研究发生了很大变化。墓有两座，根据对出土遗物的分析，推定一号墓建于公元前140—前118年，二号墓建于公元前134—前118年。这段时间属于汉武帝（前

141—前87年在位）治世的前半期，在同一时期的地中海世界，消灭了迦太基的罗马帝国正在不断扩大势力范围，日本则正处于弥生文化时期。

一号墓和二号墓中出土了陶器、漆器、货币、铜镜等各种随葬品，当中尤引人注目的是一号墓中出土的约5000枚的竹简。竹简大多长27.5厘米（汉代的1尺2寸），宽0.5—0.7厘米，厚0.1—0.2厘米，每一枚用隶书体平均一行写三十余字。竹简长时间掩埋在污泥中，系着的细绳也已腐朽，被发现时散乱着，保存状况很差。中国的研究者付出了极大的努力，对竹简的内容进行了分类和解读，并确定顺序，最后弄清了这些竹简是一批以兵书为主的写本，内容相当于现在的《孙子》《尉缭子》《晏子春秋》《六韬》《管子》的一部分。这就是银雀山汉墓竹简，与马王堆汉墓帛书（1973年发掘）、郭店楚墓竹简（1993年发掘）、上海博物馆藏楚竹简（1994年出现在中国香港的拍卖会上）等同为20世纪后半期中国境内古代文献的重大发现。在对隶书的书写风格等进行了探讨分析之后，确定了银雀山竹简的写作年代以汉文帝（前180—前157年在位）、汉景帝（前157—前141年在位）的在位时期为上限，以一号墓的建造时间公元前140—公元前118年为下限（见图3）。

银雀山汉墓中出土的对应今本《孙子》的竹简有153枚，大多数为缺损严重的断片。解读出来的文字约2700字，分量只有《孙子》全文的40%左右，作为写本为现存最古，因此价值很高。不仅如此，除了《孙子》以外，还发现了多数以"孙

图3 银雀山汉墓竹简的出土状况。竹简被发现时几乎与污泥混为一体,其保存处理、整理和解读工作耗费了极大的劳力。取自金谷治译注《孙膑兵法》(东方书店,1976)

子曰"起头的过去从未见过的兵书写本。因其内容中有孙膑与齐威王(前356—前320年在位)及田忌(陈忌)等人的对话,所以被命名为《孙膑兵法》。考古队先是于1974年发表了简要的发掘报告,而后在1975年刊行了照片版的带注释的报告《银雀山汉墓竹简(壹)》。此报告前半部分为《孙子兵法》与《孙子》佚篇,后半部分为《孙膑兵法》,引起了学界的高度关注。

随着银雀山汉墓竹简内容的公开,围绕着《孙子》作者的疑问似乎一下得到了解决。结合前文介绍的《汉书·艺文志》的记述,有不少人开始认为《孙子》有两种,今本《孙子》十三篇的作者为一直以来所说的吴国的孙武,相当于"吴孙子兵法",新发现的《孙膑兵法》的作者为齐国的孙膑即"齐孙子"。但是银雀山出土的各篇竹简写本上并未标注作者,而且也无法排除当中混有不属于孙武、孙膑学派的兵书的可能性。

依据校订者们的说法，当时的分类作业十分困难，他们先是将竹简写本中以"孙子曰"开头的诸篇或是被认为在学说上近似孙武、孙膑的兵书找出来，然后将其中在内容和文体上接近今本《孙子》的归为《孙子》佚篇，其余的归为《孙膑兵法》。因为最开始的标准并不明确，所以在1985年《银雀山汉墓竹简（壹）》的全面修订版出版的时候，被认定为《孙膑兵法》的篇数一下从1975年版的三十篇减少到十六篇。修订版将开头不是"孙子曰"的诸篇从《孙膑兵法》中划除，采取了它们可能是其他学派的兵书这种比较慎重的看法。不仅如此，修订版的校订者们还认为，确定属于《孙膑兵法》的只有《擒庞涓》、《见威王》（非正式题目）、《威王问》、《陈忌问垒》四篇，不能排除余下的十二篇中含有《孙子》佚篇的可能性，承认依据内容和文体进行的分类并不严谨。也就是说，就连哪些竹简写本属于《孙子》，哪些属于《孙膑兵法》都是不确定的。判别上的差异归纳如表2所示。

表2——《银雀山汉墓竹简（壹）》中认定为
《孙子》佚篇和《孙膑兵法》的写本

（甲）《孙子·佚篇》	
1975年版（六篇） 吴问、"四变"、黄帝伐赤帝、地形二、程兵、"见吴王"	1985年版（五篇） 吴问、"四变"、黄帝伐赤帝、地形二、"见吴王"

（续表）

（乙）《孙膑兵法》	
1975年版（三十篇） 擒庞涓、"见威王"、威王问、陈忌问垒、篡卒、月战、八阵、地葆、势备、"兵情"、行篡、杀士、延气、官一、"强兵"、十阵、十问、略甲、客主人分、善者、五名五共、"兵失"、将义、"将德"、将败、"将失"、"雄牝城"、"五度九夺"、"积疏"、奇正	1985年版（十六篇） 擒庞涓、"见威王"、威王问、陈忌问垒、篡卒、月战、八阵、地葆、势备、"兵情"、行篡、杀士、延气、官一、"强兵"、五教法

因发掘出的竹简无标题，加引号的篇名为竹简整理者所加

本来《汉书·艺文志》中就没有一处写《吴孙子》是孙武的作品，《齐孙子》是孙膑的作品，这只不过是7世纪唐代初期颜师古注的说法。若就此认为银雀山同时出土了孙武和孙膑两种《孙子》，显然是冒失了。笔者认为比较可靠的是金谷治在1976年发表的如下见解：

虽然今本《孙子》中确实是有孙武的想法在，但比较稳妥的看法应该是孙膑继承了孙武的思想，后人又以孙膑的思想为中心进行了整理，而后得到的就是现在的《孙子》。因此，如果以这个观点来考察新发现的这些资料，就会出现下面这种可能性。今天的十三篇《孙子》与新发现的《孙膑兵法》之间，实际上不是"吴孙子"和"齐孙子"的关系，而都应当视作在西汉末被整合

为八十九卷的"齐孙子"的一部分。
　　金谷治译注《孙膑兵法》中收录的《两种〈孙子〉——翻译〈孙膑兵法〉》

（黑点为笔者所加）

　　即有一种可能是，银雀山出土的《孙子》、"《孙子》佚篇"、《孙膑兵法》整体都属于《汉书》所说的"齐孙子八十九篇，图四卷"的一部分。银雀山竹简正是出土于属于齐国的地域，像这样的猜想是很合理的。
　　笔者想在金谷说的基础上做进一步的推测。

一般的说法
对应今本《孙子》十三篇的银雀山汉墓出土竹简　　　吴孙子
被归为《孙膑兵法》的银雀山汉墓出土竹简　　　　齐孙子
基于金谷说的推测
《孙子》和《孙膑兵法》两种银雀山汉墓出土竹简
　　　　　　　　　　　　齐孙子（齐系字体的写本？）
流传于汉代朝廷书库、吴国的《孙子》系兵书
　　　　　　　　　　　　吴孙子（南方系字体的写本？）

　　首先，笔者认为银雀山汉墓出土的《孙子》及《孙膑兵法》都属于和《汉书·艺文志》所说的"齐孙子八十九篇，图四卷"同一系列的兵书。它们应当是由号称继承了孙武及孙膑的兵法

的齐国孙氏学派传承下来的。另外，现已失传的南方吴国孙氏学派的兵书在汉代也还有流传，或许这才是"吴孙子兵法八十二篇，图九卷"。"齐孙子"和"吴孙子"都以今本《孙子》十三篇为核心，再各自加上辅助的诸篇，于是整体就达到了八十多篇。十三篇再加上辅助的文献后整体的篇数就成了吴八十二篇，齐八十九篇。现已完全失传的"图"，被推测是对诸篇内容的图解，描绘了各种阵型、不同地形的军队部署、预兆的吉凶。篇目和图的数量上的不同，或许是因为它们在吴和齐的领域内分别流传导致的。

汉代，各地流传的文献有时候在内容上并不统一。比如，《论语》在西汉末期就有"古二十一篇，齐二十二篇，鲁二十篇"（《汉书·艺文志》）三种篇数不同的文本。若进一步加以推测，两种《孙子》不仅在内容上不一样，或许字体也不同。银雀山汉墓出土的竹简写本由齐系字体书写，而失传的"吴孙子"写本由吴系字体书写。之所以会这样猜测，是因为近年发现的南方楚竹简写本是以被称为"楚系文字"的字体书写的（参见大西克也《屈原所书之汉字——战国时代楚国语言的书写系统与不同诸侯国之间的差异》，大西克也、宫本徹《亚洲与汉字文化》，放送大学教育振兴会，2009年）。

综上所述，拙见认为，银雀山汉墓出土的《孙子》以及被称为《孙膑兵法》的竹简写本并非原本就存在明确的区别，都是齐地流传的"齐孙子"的一种写本，在公元前2世纪后半叶作为随葬品被放入墓中。但是在接下来的论述中会配合《新订 孙子》，只将与今本《孙子》对应的诸篇简称为"竹简本"，在1985年版

《银雀山汉墓竹简(壹)》的基础上对其进行论述。

对于《孙子》研究而言,竹简本自然是极其宝贵的资料,但在使用的时候有几点不得不多加注意。第一,如上文所述,竹简本只保留有今本《孙子》十三篇40%左右的分量,且各篇的存留情况相差很大(见图4),《地形篇》整篇都不见了,其他的篇章就算是残存字数较多的也顶多60%,少的只有20%。如此严重的缺损使得竹简本只能用于部分内容的校订。第二,竹简本中发现了两个《形篇》,研究者将它们分别命名为甲、乙,而且两者在文字上也存在些许差异,表明《孙子》在西汉初期就已经存在异本了。第三,近年来一直有战国及汉代的写本被发现,若将被发现的写本与其流传至今的版本进行对比,很多时候竟意外的一致。虽然有些时候也会发现重大差异,但相比之下,历代的人

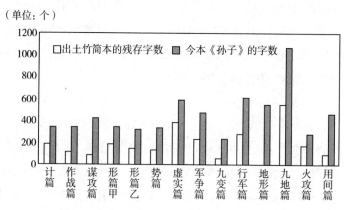

图4 银雀山墓出土竹简的残存字数与今本《孙子》的字数。竹简本形篇重复,研究者将二者分别命名为形(甲)、形(乙)。与其他各篇相比,《九地篇》显得尤其长。竹简本未发现《地形篇》

们为了维持原典的正确而做的努力更值得被肯定。关于《孙子》也是一样，过度轻视唐代以后的写本或刊本是不对的。第四，虽然竹简本的确是最古老的《孙子》，但并不是《孙子》的原始面貌，它经历过战国时代末期以来的各种改订。关于这一点后文将举例说明（本书40页）。

《孙子》的构成

今本《孙子》共十三篇（本书8页，表1），也有称《始计篇》为《计篇》，《军形篇》为《形篇》，《兵势篇》为《兵篇》的情况，但这些是后世之人为了将篇名统一成两个字而改的。篇目的排列顺序是固定的，开篇为《计篇》，讲的是应当慎重判断可否开战，然后依次讲述相关的事项，最后以阐述间谍的重要性的《用间篇》结尾。这种"系统性"，是《孙子》在连贯的构思下写成的作品这一看法的有力证明。

然而《银雀山汉墓竹简（壹）》中可能与《孙子》有关的篇数，在今本十三篇的基础上再加上五篇或者六篇后，少则十八多则十九（见表2）。上文已经提到过，不管是"齐孙子"还是"吴孙子"，都应该是以今本《孙子》十三篇为核心的。那么《史记》中所说的孙武的"十三篇"是和今本《孙子》的十三篇相同呢，还是部分篇目有所不同？顺序又是如何排列呢？这些疑问都无法单靠竹简本解答。

为这些疑问提供线索的是和竹简一起从银雀山汉墓出土的类似《孙子》篇目一览的木牍（见图5）。这些木牍也和竹简一样缺损严重，能解读出来的只有如图5所示的这一部分文字。根据这些内容，学者们尝试复原汉代初期《孙子》十三篇的排列。此处省略详细的推论过程，现采用李零的观点，对木牍和今本《孙子》各篇的顺序进行对比：

李零：计、作战、势、形、谋攻、行军、军争、实虚、九变、地形、九地、用间、火攻

今本：计、作战、谋攻、形、势、虚实、军争、行军、九变、地

图5　银雀山汉墓出土的木牍。为了可以一览竹简的内容，分3段各段5行写着《孙子》的篇名等。对于推定前汉时期《孙子》十三篇的排列是十分重要的资料，但照片中连字迹是否存在都难以辨认。释文依据的是《银雀山汉墓竹简（壹）》（文物出版社，1985）

形、九地、火攻、用间

虽然无法判断是否所有的顺序真的就如李零推定的那样，但木牍上《用间篇》和《火攻篇》的顺序与今本相反等不同是显而易见的。今本《孙子》的排列，并非具备不易调整的稳定性。

文体是否一致

为了讨论今本《孙子》的写作是否真的具有系统性，这里将先简单论述其文体和词语是否统一这个问题。如果一个人在连贯的构思下写作，那么在文体和词语的使用上理应具有一致性。当然这里需要排除刻意改变的情况。尽管很多人认为今本《孙子》的文体是始终如一的，但是否真的是这样呢？表3是下面三个特征在《孙子》十三篇中的体现。

（一）第一人称代词有没有使用"吾""我"。《老子》的"具有特殊性质的第一人称代词'我'或者'吾'会突然出现"这一点已有学者注意到了（世界古典文学全集《老子 庄子》，筑摩书房，2004年，第515页，福永光司《〈老子〉解说》）。其实《孙子》也非常符合这个特征，只是出现的情况不平衡。"吾"或"我"都不用的有五篇，"吾"和"我"都用的有四篇。虽然表里没有写，但在对具体用法进行分析后，可以发现在主格使用"我"的只有《虚实篇》《地形篇》《九地篇》和《用间篇》的部分段落。而且，作为第一人称代词主格的"我"的使用条件没有办法用单复数的区别、资料的地域差异等来解释（山崎直树《〈左传〉中"吾""我"在不同格位置上区分使用的条件》，《中国语学》，1991年。大西克也《关于殷商时代第一人称代词的用法》，《中国语学》239，1992年）。关于第一人称代词的使用，比较合理的看法是，《孙子》中混杂着不同性质的文体。

（二）出现的是"故曰"还是"是故"。如上文第11、12页所述，《孙子》频繁使用"故曰""是故""故"。其中，"故"在每一篇都会出现，但表示引用的"故曰""是故"出现的情况就有所不同了。因为弄不清楚"故曰"和"是故"两者在功能上的区别，所以这里没办法给出明确的答案——当然也有可能是不同篇目在用词的偏好上有所不同（见表3）。

表3——今本《孙子》的文体特征

	第一人称		示例			前置词	
	吾	我	是故	故曰	故	若	如
计	○				○		
作战	○				○		
谋攻			○	○	○	○	
形				○	○	○	
势				○	○		○
虚实	○	○					
军争				○	○		○
九变	○			○	○		

(续表)

	第一人称		示例			前置词	
	吾	我	是故	故曰	故	若	如
行军	○				○	○	
地形	○	○		○	○		
九地	○	○	○		○	○	○
火攻				○	○		
用间	○	○			○		○

（三）表示"像～一样"的前置词是"若"还是"如"。关于训为"～ごとし"的近义词"若"和"如"，则存在着完全不同的疑问。秦汉以前，"若"（上古汉语 *njak）是更古老的书面语，而"如"（上古汉语 *njag）更偏向口语，两者曾依文体的不同而区分使用（大西克也《关于出土文献中所见秦汉前的"若"与"如"》，神奈川大学《人文研究》112，1992年）。如果只看今本的话，比如《形篇》用"若"，《势篇》用"如"，使用上的区分很明确，但竹简本两篇都只用"如"。竹简本《形篇》的"如"为什么在今本会变成"若"呢？是因为存在写成"若"的不同系统的文本，还是后世的改写，目前尚不清楚。

如果仔细研究的话，说不定还可以发现除这三点以外的《孙子》语言的内部差异和偏向。很遗憾本书没能给出明确的结论，但至少我们知道了在探讨《孙子》作者和成书年代的问题时，应当注意今本《孙子》掺杂了不同的文体这一现象。

孙氏学派的形成

如果《孙子》不属于某人的单独创作,那么它会是哪些人写的呢?金谷治认为《孙子》及《孙膑兵法》"是在对孙氏学派的传承中孕育出的事物"。关于同时也被称为"孙氏之道"的孙氏学派,《孙膑兵法·陈忌问垒》写道:

> 明之吴越,言之于齐。曰智知孙氏之道者,必合于天地。

也就是说,孙氏学派主张自己传承的是齐国的孙膑从吴国的孙武那里继承的学说。在《孙膑兵法》中,孙膑结束了与齐威王、齐国将军田忌关于军事的议论:

> 孙子(孙膑)出,而弟子问曰:"威王、田忌臣主之问何如?"孙子曰:"威王问九,田忌问七,几知兵矣,而未达于道也。吾闻'素信者昌,立义用兵。无备者伤,穷兵者亡'。齐三世其忧矣。"
>
> 《威王问》

因为出现了"弟子",所以这一段应该是基于弟子们的传承所写的。就像孙膑说的"三世其忧矣"那样,齐国在威王之孙湣王(前300—前284年在位)的时代衰退了。因此,《孙膑兵法》其实是经清楚这一史实的孙氏学派继承者之手,写成了似乎是孙膑的预言成真的样子，它的成书时间应该是在齐湣王的统治开始之后（1975年版及1985年版《银雀山汉墓竹简（壹）》的说法）。说明孙氏学派在孙膑去世之后，直到进入公元前3世纪都还存在。

孙氏学派不仅写了《孙膑兵法》，对《孙子》的文本也进行了修改。其中一个为大家所熟知的具有代表性的例子就是只在《用间篇》的竹简本中出现的下面这十四个字：

□率师比在陉，燕之兴也；苏秦在齐……

虽然不知道率师比是什么时代的何许人物，但苏秦的活动时间被推定为公元前4世纪的后半期。根据这十四个字可以知道，竹简本的文本在公元前300年左右被改动过（浅野裕一《孙子》，讲谈社学术文库）。如果再大胆点猜测的话，说不定可以这样想，《用间篇》写于公元前3世纪，后成为《孙子》十三篇中的一篇，然后世有人注意到在春秋时代孙武的著作中出现战国时代的苏秦是一个错误，于是把这十四个字从文本中抹除了。

另外，被称为《孙子·佚篇》的"吴问"借用孙武与吴王对话的形式，预言晋国势力强大的贵族中范氏、中行氏将最先灭亡，接着是智氏，然后韩氏、魏氏也都将灭亡，而赵氏则会存留到最后。范氏、中行氏于公元前454年，智氏于公元前453年灭亡。之后，晋被魏、韩、赵分割，而韩、魏、赵分别于公元前230年、公元前225年、公元前222年被秦所灭。有学者从这一点出发，指出也有可能"吴间"与孙武并没有任何关系，而是由了解真实历史情况的后世之人所写。（浅野裕一《十三篇〈孙子〉的形成过程》）

下文再举一例。在被暂时取名为"见吴王"的竹简写本中，记载有孙武与吴王初次会面时被测试能否成功训练宫女之事，内容与《史记》中的（本书19、20页）记载大致相同。然而与《史记》不同的是，孙子在叙述己见时会说"兵法曰"：

兵法曰：弗令弗闻，君将之罪也。已令已申，卒长之罪也。

兵法曰：赏善始贱，罚〔缺〕……

像"若没有下达命令没有进行指示，责任在君王或将军。〔如果君王或将军〕已经下达命令并使其得到贯彻，〔但手下不听从指挥，这时候〕责任就在于卒长"，或者是"奖赏做好事要从身份低贱的人开始，惩罚〔做坏事要从身份高贵的人开始〕"这样的"兵法之言"在今本《孙子》中完全看不到。或许是除了十三篇以外还读了许多其他兵书的孙氏学派之人写了"见吴王"。

今本《孙子》中也有疑似被孙氏学派修改过的地方。本书的开头讲过，《孙子》很少提及具体事件，但书中却唯独对吴与越的对立在《虚实篇》和《九地篇》中两度提及（请参阅本书21、22页斋藤拙堂的观点）。下面这一点也是浅野裕一提出来的。《孙膑兵法》的《陈忌问垒》中描述，孙氏学派的实力通过"吴与越"的战争已经显而易见。由此可以联想,或许今本《孙子》的文本是被修改成了——或者从一开始就被写成了对吴越兴亡的故事很熟悉的样子。若慢读《虚实篇》《九地篇》就会发现,文中对越国的提及其实非常突兀。

关于《孙子》的作者,金谷治的看法是比较谨慎的:

> 比较合理的处理方法是,视孙武为《孙子》的作者,十三篇的原型则大致成型于战国中期的孙膑之前或同一时期。
>
> 新订第 13 页解说

这里并没有否认公元前 4 世纪的"原型"在形成以后被修改过这一可能性。我们可以设想,不论是竹简本还是今本《孙子》,直到公元前 3 世纪前后都在原资料的基础上被不断修改。前文提到的石井真美子的"《孙子》是'一本混乱的书'"这个判断也是从这个角度出发的。如果假设存在孙氏学派的修改,那么对于山田崇仁提出的《孙子》的成书年代很可能晚于公元前 3 世纪的见解(《利用 N-gram 模型探索先秦文献的成书时期——以〈孙子〉十三篇为例》)也就可以做出回应了。

兵书的普及

学派的成立往往与他们所依据的文献类别的形成相关联,正如中国的战国时代就诞生了各式各样的学说和文献。兵书也不例外，也曾出现过大量的写本。

兵书的写本开始流通后，通过书籍学习军事知识的例子也开始出现。如战国时代的赵括（？—前260），其父赵奢为名将，赵括"自少时学兵法言兵事"。当然，不全都是家传的兵法。若时处公元前3世纪，拜访他国的有权之人再献上兵书的话，就可以推销自己成为门客。《史记·魏公子列传》中有"公子威振天下，诸侯之客进兵法，公子皆名之"之言。在这样的背景之下，若自称师承著名军师，那维持学派估计是完全没有问题的，甚至连假托的伪造兵书都有可能得到诸侯的接纳。

在兵书大量增加的情况下，《孙子》非但没有被埋没，反而保持着高度的权威，一直到公元前3世纪末都是与魏国吴起所著的《吴子》齐名的代表性兵书。据清朝毕以珣《孙子叙录》的调查结果，《史记》中的出场人物时常会引用《孙子》的话。如果对方没读过《孙子》，那这样的引用就没有什么意义。韩非（约前280—前233）批判自己所处时代的世态时说，"境内皆言兵，藏孙、吴之书者家有之，而兵愈弱"。虽然"境内皆""家有之"应该是夸张，但因为有兵书曾在战国时代的公元前3世纪广泛普及这一前提，所以以司马迁为首的汉初写作者们才可自如地引用《孙子》。

尤其引人注意的是《史记·货殖列传》中的这段内容：

> 故曰：吾治生产，犹伊尹、吕尚之谋，孙吴用兵、商鞅行法

是也。是故其智不足与权变，勇不足以决断，仁不能以取予，强不能有所守，虽欲学吾术，终不告之矣。

白圭与孟子（前372—前289）属于同一时代，被视为中国商业的鼻祖。《货殖列传》中的话说明，孙子、吴子的兵法对军事之外的商业等领域也已经开始产生影响。（J. Needham et al., *Science and Civilization in China*, vol.5, pt.6, p.90）

在这样的时代背景下，即使是对过度重视军事进行批判的人，也得在读过兵书的基础上组织自己的论述。儒家学派思想家荀况（约前313—前238）的《荀子·议兵》中有下面这样的场景。荀子在赵国的孝成王（前266—前245年在位）面前与一位叫临武君的人进行军事理论的辩论，王问"军事中重要的是什么"，临武君回答"抓住天时地利，先发制人"。然后荀子就批判说："臣所闻古之道，凡用兵攻战之本在乎壹民。"荀子认为最重要的是掌握民心。临武君反驳说，用兵重要的是善于抓住时机取得优势和欺诈对方，孙子、吴子做到了这些，于是天下无敌，而不是什么掌握民心。对此，荀子回道："臣之所道，仁人之兵，王者之志也。"

在这场辩论中，临武君依据的是《孙子·军争篇》的"后人发，先人至""故兵以诈立，以利动"，而荀况讲的是仁及王道等儒家理念。但是，荀子用来作为论据的"古之道"却也是《孙子·计篇》的"道者，令民与上同意也，故可以与之死，可以与之生，而不畏危"。这场辩论本身可能是虚构的，但需要注意的是，荀况使用了以《孙子》反驳《孙子》的方式。荀子在其他篇中还讲了这样的话：

> 人之城守，人之出战，而我以力胜之也，则伤人之民必甚矣；伤人之民甚，则人之民恶我必甚矣；人之民恶我甚，则日欲与我斗。
>
> 《荀子·王制》

不仅如此，强行取胜的话，我方也会出现很大的牺牲。结果本国的人民就会憎恨统治者，厌战的情绪就会逐渐蔓延。于是就会导致明明强大却逐渐变弱，明明扩张了领土却人民离散，得小而失大。因此，荀子主张施行的王道是靠仁、义、威，不战而胜，不攻而得，不用兵力而天下顺从。这也是与《孙子》有相同之处的想法。

> 攻城则力屈，久暴师则国用不足。
>
> 《作战篇》

> 弱生于强。
>
> 《势篇》

> 不战而屈人之兵，善之善者也。
>
> 《谋攻篇》

也就是说，不择手段而战以求胜的临武君和避战以求实现理想的荀况，他们这两种相反的主张，依据都出现在《孙子》中。

《孙子》为何会成为古典

下文将尝试重新对《孙子》一直得以流传并成为古典著作的理由进行分析。

笔者首先想到的是，《孙子》只讲以人组成的群体在行动和发生冲突对立时最基本的要素。以特定时代的技术为前提的说明和战争史上的实例，都只出现在部分有限的内容中，而且《孙子》中几乎没有固有名词。所以不管防御和进攻的技术如何变化，不管处于哪个时代，它的框架都一直是有效可用的。

进一步而言，《孙子》本身就没有要讲求全能。暴力的起源是什么，君王应具备的品德是什么，士兵的培养，武器的生产和使用，补给的计算，伤亡者的应对，为了什么而战，胜后怎么处理，这些《孙子》都没有提及。与《管子》《商君书》等以及其他兵书在论述内容上有部分重合的诸子百家的著作一比较，这一点就显而易见了。《孙子》著者设想的就是会有许多其他知识体系为其作品扩充和润色。正因为抽象，才可以在后世被应用到艺术理论等领域。这一点在研究《孙子》的阅读史时非常重要，就是现在读《孙子》也不能忽略这一点。

当然，这并不是说只讲基本要素就可以保持长久的生命力。

就像荀况所举的例子，《孙子》的基调中存在一种不好战的态度，这是它成为思想方面的著作的理由之一。一般认为这种态度的由来是《老子》。

以道佐人主者，不以兵强天下，其事好还。

《老子》第三十章

兵者，不祥之器，非君子之器。不得已而用之，恬淡为上，胜而不美。而美之者，是乐杀人。夫乐杀人者，则不可得志于天下矣。

《老子》第三十一章

《老子》第六十九章中还引用了"兵法"的句子，"吾不敢为主而为客，不敢进寸而退尺"。

当然，我们不能因此就简单地说《老子》影响了《孙子》。因为还有像何炳棣这样的研究者，认为《老子》是在学习了《孙子》的思想后成书的。兵家和道家、儒家等并立于同一时代，互相排斥的同时必然也会有从对方身上学习的地方。但是，《孙子》中不存在"难道战争不是杀戮与罪恶吗"这种疑念。所以在这一点上，它和非战论之间的差异是明确存在的。

关于秦统一天下之后《孙子》及孙氏学派的情况，没有相关的资料记录。下文要讲的是汉代以后对《孙子》一书释读方式的变化情况。

兵书与史书——汉代的《孙子》

要讲汉代的兵书,不得不提秦的灭亡带给天下的巨大冲击。秦作为中国历史上第一个实现中央集权制的帝国,建立于公元前221年,在仅仅十五年后的公元前206年便灭亡了。而秦军溃灭的开端不过是陈胜和吴广率领的一场农民起义。现在我们读史书是可以把秦的灭亡说成是必然的结果,但汉代初期的人并不这样想。他们记得的是有着强大兵力和完善制度的秦帝国,他们目睹了这种难以置信的脆弱,所以必须要找到秦王朝如此短命的原因。因为如果统一帝国这种体制在本质上就不可能长久的话,那么汉不久之后也会走上同样的道路。

贾谊(前200—前168)的《过秦论》分析了秦国灭亡的原因,是这种危机意识的代表性例子之一。刘安(前179—前122)《淮南子·兵略训》中也以战国时代的楚国、秦帝国等强国的灭亡为例,说明不可以让被统治的人民挨饿受冻、生活贫苦,以及政不可以无德。汉初之人并没有自鸣得意,他们并没有觉得自己比秦或是推翻了秦王朝的统治后来却败给汉高祖刘邦的项羽更优秀。

纵观西汉东汉四百年就会发现,像战国时代那种兵书泛滥的现象消失了,几乎没有再出现过新的作品。用进入了太平之世,或者汉代人缺乏军事才能这样的理由则解释不通。因为两汉不仅战事频繁,有为的将军亦不在少数。有一种可能是,兵书自汉代起开始以一种新的形态呈现。

《文心雕龙·诸子》中有如下一段内容：

> 昔东平求诸子、《史记》，而汉朝不与。盖以《史记》多兵谋，而诸子杂诡术也。

这件事在《汉书·宣元六王传》中有详细的记述。东平王刘宇（？—前21年）向汉朝廷要书发生在公元前31—前22年。当时距离《史记》成书已经过去了六十余年，朝廷却还是只允许特定的一部分人阅读。《史记》在当时被视为写有"作战策略"的类兵书。

还有一个人也注意到了《史记》的这个特点。明清之际的顾炎武（1613—1682）精通各种学问，还做过全国范围的实地考察，是令人惊叹的博学之人，他赞叹《史记》中战史记载的详细和地理记述的精密（《日知录·卷二十六·史记通鉴兵事》）。兵书的角色在很大程度上被对特定时间和空间下的军队行动进行说明的史书及地志所取代。另外，中国历代官僚书写的大量公文中论及军事形势的文章，有不少是借用过去的经验对敌我双方的现状和前途进行准确分析，其实质相当于兵书。若要充分研究汉代以后的兵法盛衰，则不得不关注这些文献以及考虑兵制的沿革，只用古来的"兵书"这一范畴是无法囊括秦汉以后的兵法发展的。

文献资料的转变期——从东汉到三国时代的《孙子》

并不是说《孙子》在汉代以后就被遗忘了，它依然被视为兵书的代表，很多人都对书中的内容非常熟悉。东汉末期，魏曹操（155—220）评价说"吾观兵书战策多矣，孙武所著深矣"，还为《孙子》十三篇作了注释。后世称《魏武帝注孙子》，被认为是简洁的佳注（见图6）。因为曹操在注中还引用了《孙膑兵法》的片段，所以当时可能还参考了其他传至汉代的古兵法。今本《孙子》的文本可能就源于曹操注的这个文本。关于曹操注，请阅读本书第二部分的第一章和第二章。另外，据说曹操的谋臣贾

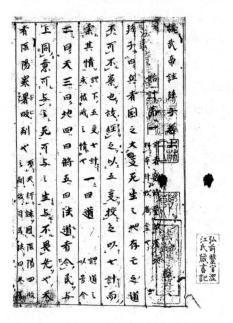

图6 天正八年(1580)写本《魏武帝注孙子》。禅僧宗传书写，涩江抽斋旧藏。中国台北故宫博物院藏

诩（147—223）曾经编过《孙子》的缩略本。

在长江以南的吴国一带，孙武出生于吴国的这一说法在东汉末就已成定论（赵晔《吴越春秋》卷四）。关于孙武墓的传说，以及东汉末的孙坚似为孙武后人的说法，都在这个时期开始流传（《越绝书》卷二、《三国志·孙破虏讨逆传》）。这应该是孙坚一族在扩张势力建立吴国的过程中，利用了世人熟知的名将孙武的声望。《孙子》自然也就获得了很高的地位，是吴国的建立者孙权（182—252）推荐给臣子的书籍之一。相传其注释为沈友（177—204）所作（《隋书·经籍志》），但没有流传下来。

也就是说，从2世纪末到3世纪，在中国的南北方都有人为《孙子》作注。井上进的《中国出版文化史》（名古屋大学出版会，2002年）是关于中国图书史的优秀概说，如书中所言，在这一时期记录文字的主流媒体从过去的竹简变成了纸，书的写作、保存、搬运和获取都开始变得容易。学问的传承手段也开始从过去的口传、背诵变成阅读注释，于是对各种古典的校订和注释开始大规模进行。曹操等人亦处在这一注释盛行的时代中。

在写本时代，如果要作注释首先必须得确定文本。如前文所述，在公元纪年前后还存在着"吴孙子兵法八十二篇，图九卷""齐孙子八十九篇，图四卷"。所以需要进行的工作就有：确定只留下当中属于《孙子》中心内容的十三篇，整理古写本中出现的内容重复及欠缺，统一字体使其规范和易读，加上注释。结果，变轻后的十三篇延续了一千数百年的生命，被另外处理的七十来篇则逐渐散佚。关于这一点，从唐以来就一直有说法认为，曹操削减了原有八十二或八十九篇的《孙子》的附加部分，使其回到了本来的十三篇。但事实并非如此。中国北方的曹操注为三卷，而南方的沈友注则为二卷。从差别不大的卷数来判断的话，沈友注的应该也是十三篇。把保留必要性低的篇章挑出来，只留下《孙子》的精华，这么做与其说是曹操个人的见解，不如说是东汉末这一文献资料转换期的选择。

如前文所述，实用色彩很淡的兵书《孙子》有逐渐被应用到艺术等领域的倾向。诗文集《文选》收录的作品中，引《孙子》之语的不在少数。尤其到了5世纪后，甚至有人以《孙子》为切入点来探讨静与动、有形之物与无形之物、正统与非正统的平衡等问题。像这样的转变是《孙子》以外的其他中国兵书所没有的。《孙子》成功突破了战略指导这种限定，成为构筑理论性思想框架的起点，在思考《孙子》作为中国古典的意义时不得不强调这一点。关于这一点将在第二部分第三章进一步论述。

新用途——唐代的《孙子》

曹操等人为《孙子》作注也就说明了《孙子》已经被视为古典，孙武已经成为遥远历史中的存在。在唐代，这种倾向就更明显了。

上元元年（674），随着武圣太公望被追封为武成王并得到官方的祭祀，历史上的名将秦白起、汉韩信、蜀诸葛亮、唐李靖和李勣、汉张良、齐穰苴、吴孙武、魏吴起、燕乐毅十人也被奉为

"武庙十哲"。孙武已成为兵法之神般的存在了。就像过去三国的吴那样,若宣称自己是孙武的子孙,那么整个家族的名声也会高涨。于是,中国南北各地都有家族宣称自己是孙武的后裔,比如乐安(现属山东省)、富春(现属浙江省)、太原(现属山西省)、清河(现属山东省)、昌黎郡(现属辽宁省)等地。有家族为了使自己"孙武后裔"身份合理,选择拼接整合家谱,各地孙氏的移居历史被煞有介事地记述了下来。孙武字长卿,古为田氏,于其祖父书字辈开始称为孙氏,孙武为了躲避齐国的内乱而来到吴国,孙膑是孙武的次子孙明的儿子,这种说法似形成于唐代后半期(《元和姓纂》《新唐书》宰相世系表三下。见图7)。

然而,《孙子》虽被知识分子传承和阅读,可作为实用兵书来讲已经过于陈旧了。于是,它的新用途便出现了。按领域分类的中国制度史《通典》完成于贞元十七年(801),为杜佑(735—812)所撰,在"兵"的类别下,先是引了《孙子》的一节,接着便是战争史上的相关实例和值得参考的文献摘录,也就是拿《孙子》作为兵法百科全书的纲要,而且效果非常好。作为唐代《孙子》研究的代表作,首先要提的就是

图7 后世所作孙子"宗谱"

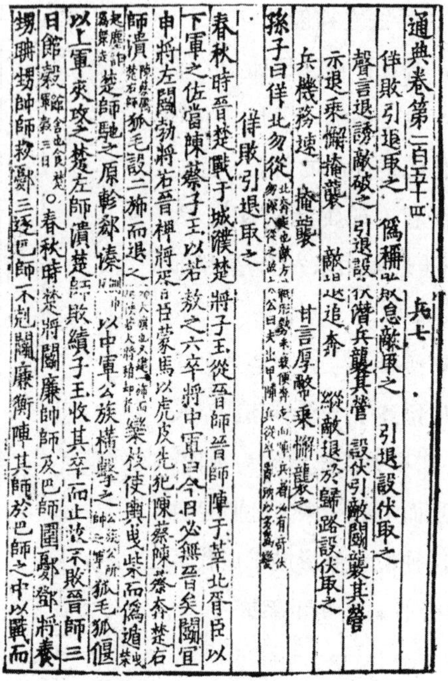

图8 唐杜佑《通典》。此卷主题为《孙子》的"佯北勿从"。从各种文献中摘录了历史中佯装败北以诱敌的例子。原本藏于宫内厅书陵部。取自《北宋版通典（6）》（汲古书院，1981）

《通典》（见图8）。杜佑之孙、著名诗人杜牧（803—853）所作的《孙子注》则进一步百科全书化，一方面适度利用其祖父的注释；另一方面列举了多到稍显繁杂的战史上的实例，就好像要用史实来填补已成古典的《孙子》与现实之间的空隙。

在唐代，《孙子》与遁甲奇术或道教的关系似有深化，由于笔者能力有限，暂时无法深入论述这个问题，这里就先只提一下将《老子》作为兵书解读的王真《道德经论兵要义述》（完成于806—820年）等作品的出现。兵书与道家的亲近关系早从战国时代起就存在了,所以《孙子》后来被收入了道教经典的合集《道藏》。《道藏》本《孙子》于18世纪被发现,被视为相当出色的一个文本(本书69页)。

北宋《孙子》的制度化

在9世纪到10世纪后半的唐末五代战乱时期,《孙子》的存在感较低。20世纪初在敦煌挖掘出的这个时期的大量古写本中,出现的兵书有《六韬》和唐代李筌的《阃外春秋》等,但没有发现任何有关《孙子》的文献,这也证明了其存在感之低。即使在北宋初期与北部的契丹激烈战斗期间,《孙子》也不受关注。

然而进入北宋仁宗之治后,随着1030年前后与党项人统治的西夏(现在的宁夏回族自治区、甘肃省一带)之间的关系变得紧张,军事知识开始受到重视,因此才有了梅尧臣、王晳等人编的《孙子注》(《郡斋读书志》)。但是,这时大家还相信《孙子》是有用的吗?北宋文官的言论中有一些对战况的分析很准确,并不像非要使用古代兵法的迂腐之人;所注内容也无法让人感受到宋与西夏的实战情况,只留下梅尧臣的注在历代《孙子》注中品质很高的印象。

虽然不知道《孙子》复兴的真正契机是什么,但是在治平元年(1064)出现了这样的提案,即从《六韬》《三略》《孙子》《吴子》《司马法》等兵书出题作为武举的笔试科目。熙宁五年

(1072),《孙子》《吴子》等书确实出现在了武举考试的题目中,作为武官培养机构的武学开始了兵书教育。此后八百余年,《孙子》在武举和武学这一人才选拔制度背景下被世代阅读。这样的前提影响了后来在中国为《孙子》作注的学者,这一点非常重要。

当武官的教育和考试用到兵书时会遇到一个问题,那就是还没有确定一个标准的文本。元丰三年(1080),官方下令对上文提到的五种兵书再加上《尉缭子》《李卫公问对》共七者进行校订(认为《六韬》《李卫公问对》是伪书的说法在北宋的校订阶段就出现了,《三略》《尉缭子》的真伪也存在疑问)。关于《六韬》伪书说,银雀山汉墓及定州中山怀王墓出土的竹简已经否定了这一点(张守中《定州西汉中山怀王墓竹简〈六韬〉释文及校注》,《文物》2001年第5期)。校订在元丰六年(1083)后才完成,这七种兵书被合称为《七书》(《武经七书》),成为兵法的古典。其中,最受到重视的当然就是《孙子》。

北宋刊行的《孙子》并没有存留下来,如今可以见到的最古老的版本是南宋刊行的三种。

(一)宋孝宗(1162—1189年在位)时期的《魏武帝注孙子》。原本下落不明,现存的是清朝孙星衍(1753—1818)刊行的复刻本(后文将会讲到的平津馆本)。李零认为这是三种中错误最少的。但是和(三)的《十一家注孙子》对比一下就会发现,曹操的注被省略掉了一部分。

(二)宋光宗(1189—1194年在位)时期的《武经七书》中包含的《孙子》。原本现藏于静嘉堂文库(日本东京都世田谷区），没有注释。

（三）宋宁宗（1194—1224年在位）时期的《十一家注孙子》。原本现上海图书馆等有藏，包含魏曹操，梁孟氏，唐李筌、杜佑、杜牧、陈皞、贾林，宋梅尧臣、王晳、何氏（延锡）、张预的十一种注释。像这类文本在编纂的时候一般会省略部分内容，所以不一定收录了注释的全文。也有不将杜佑的《通典》视为注释，只把其余十人的注合称为十家注的情况，但实质上是相同的（余嘉锡《四库提要辨证》，见图9）。

以营利为目的的全新形式的注释和面向武举、武学的学习参

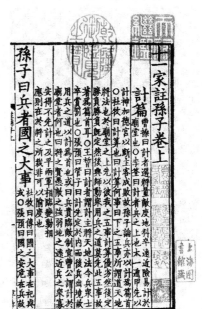

图9 南宋刊本《十一家注孙子》。现今可以见到的最古老的优质十一家注。原本藏于上海图书馆。取自《宋本十一家注孙子》（上海古籍出版社，1978）

考书也出现在这个时代。与之前的注释书不同，学习参考书会将《孙子》从头至尾事无巨细地完整解说一遍。而且，对考试中经常出现的内容的注释会更加详细，形式和文体也接近答案要求，只要熟记便能在考试时直接使用。至于注释的文体是什么样的，我们可以看南宋时期的代表性参考书，施子美（南宋孝宗时代，福州人）的《施氏七书讲义》，下文将介绍书中《孙子·地形篇》"故进不求名，退不避罪，唯人是保，而利合于主，国之宝也"的部分注释。为方便阅读，此处做了改行处理：

尽忠于国者，乃以君民为心，
择人而用者，必以忠臣为贵。
臣之尽忠者，
进而必战，彼非贪名也。
可进则进，进则利于国也。
退而不战，非畏罪也。
可退则退，退则利于国也。

频繁使用平板对句的这种文体，是武举的考题答案所要求的形式，作为汉语散文而言极为平庸且品位很低。《施氏七书讲义》作为没有什么学问的人使用的通俗读物，在中国不被珍视，所以几乎没有留存。然而在日本，《施氏七书讲义》却产生了莫大的影响，从镰仓时代到江户时代初期，关于中国兵书研究的作品几乎只有《施氏七书讲义》，具体内容将在第三章叙述。

此后，武举一直都从《孙子》出题，新出现的《孙子》注释大部分是武举、武学用的学习参考书。当中的大多数是配合当时时代的兴趣和出题倾向，为书写合格答案提供指导。虽然也有注释在序言中赞其在与倭寇、匪贼作战时有用处，但想必并不是只靠着《孙子》取胜的。

朱子学与文本校订的态度

12世纪，朱子（朱熹，1130—1200）出现了。从元代起，宋学开始成为官方公认的学问，这对学习参考书也产生了影响。虽然从朱子学的整体来看是很小的一点，但不可以忽略的一个学派特征是，他们并不把古典的文本看作不可侵犯的，认为只要合理就可以不断加以改订。最有名的是《礼记·大学》的例子，北宋的程颢、程颐怀疑文本是错乱的进而加以订正，在这个基础上，朱子又对段落的顺序进行了大幅改动，并擅自对其认为存在缺损的部分做了补充。这就是我们现在看到的《大学章句》。与原书对比就会发现，两者之间的差异大到令人惊讶，实质上已经可以说是改编了（详见金谷治译注《大学　中庸》，岩波文库，1998年，第18页）。

就算是古典，如果认为自己是正确的，那改动原文也没有关系。明代的学术继承了以朱子为代表的宋代古典学的果敢。关于《孙子》，刘寅的《孙武子直解》（1398年自序，《七书直解》之一)代表了这一倾向。比如《军争篇》的末尾有如下一段：

故用兵之法，高陵勿向，背丘勿逆，佯北勿从，锐卒勿攻，饵兵勿食，归师勿遏，围师必阙，穷寇勿迫，此用兵之法也。

古来的注释一直都是依照原文，没有任何改动。但是刘寅引用了元代张贲的说法，认为这一部分本来应该是《九变篇》的开头，因此移动了原文的位置。对于认为无论如何也应尊重原著的慎重派的观点，他则用下面这样的逻辑进行反驳：

有人主张"一个句子本来是什么样的就应该按照那个样子去解释，为什么要去改订它呢？"。如果真像这样的话，那就算《礼记》中混入了《大学》《中庸》，程子〔程颢、程颐〕和朱子等人也没有指出来的必要；《尚书》的《武成篇》存在错简，蔡沈也没有订正的必要了。若完全遵从旧说，就算一时可以忽略，那后人看到的时候该怎么处理呢？

（刘寅原文：或者曰："有一句解句，何必改正？"若如此说，《大学》《中庸》迷于礼记，程、朱不必表而书之；《尚书·武城》简编错乱，蔡氏不必订而正之。若直依旧说，目下可以欺人，甚如识者何！）

蔡沈是继承了朱子的学说并对《尚书》文本进行改订的一位学者。如果未经宋学修改的经典是完全合理的话，刘寅的观点是无法成立的。原著错了，而自己是对的，这样的果断的确是爽快的。但是，语言是随着时间变化的，著述的体裁古今亦不同。当然朱子作为文献学家是非常优秀的，但就算是经过了熟读和深思，也会出现判断过于大胆的情况。而其后学中还出现了只会独断的人物。资料调查得不彻底，阅读范围存在局限，过度相信自己语感的著述态度，等等，都容易产生看似"合理"实则错误的注释。明代的《孙子》注释也有同样的缺点。

除了对改订文本的态度，刘寅的解释本身就融有宋学的要素。比如他强调兵法与儒学的关系之近，"兵书非异端之言。异端之言，诬民惑众。兵书是勘定祸乱之道，有国者不可不讲，为将者不可不学"，以此认为《计篇》开头的"道"指的是仁义礼乐孝悌忠信这八种德目。他引用的文献除了《孙子》的各种注释和兵书以外，还有《易经》《尚书》《诗经》《春秋左氏传》《春秋胡氏传》《论语》《孟子》《中庸》《资治通鉴纲目》《宋鉴》《元史》，以及用白话来书写注释，都体现出极浓的宋学色彩。14世纪末，在元末明初的这段时期，可以明显看到兵法和儒学在靠近，刘寅便是其中一个有力的例子。就《孙子》的注释史而言，至少元代往后的六百年间，没有其他像《孙武子直解》这样重要的转折点。

对女真、西夏的影响

北宋施行的科举制度以及从兵书出题这一点，对周边各民族也产生了影响。令人意外的是，它的余波还间接波及欧洲。

契丹（辽）在10世纪创造了契丹文字之后有没有翻译过《孙子》已无法知晓，而女真人统治的金，则于泰和元年（1201）的武举中出现了《孙子》《吴子》的题目，所以这个时候可能已经存在《孙子》的女真文翻译了。而明代的女真文《孙子》《吴子》可能就是以金的译文为底本（小仓进平著，河野六郎补注《增订补注 朝鲜语学史》，刀江书院，1964年）。

世界上现存最古老的《孙子》译本是西夏文译本（见图10）。

党项族统治下的西夏国曾存在于以现宁夏回族自治区为中心的这一地区，而西夏文是其在11—13世纪使用的书写语言，在语言系统上属于藏缅语族。用参考了汉字构造原理的西夏文字（1036年颁布）书写的存留文献中，有相当多的一部分是对汉族

图10 西夏文译《孙子》。大字为《行军篇》的"旌旗动者"开始到"失众也"部分的西夏文翻译。小字表示的行间注释为唐杜牧注的翻译。可参阅第二部分第四章（198—199页）。取自《俄藏黑水城文献（11）》(上海古籍出版社，1999)

文献的翻译。1908年,科兹洛夫率领的俄罗斯探险队发现黑水城遗迹(位于今内蒙古自治区内),发掘了大量的西夏文资料,伊凤阁、聂历山、索弗罗诺夫、克恰诺夫、龚煌城、李范文、史金波等人为解读这些文献做出了不懈的努力。就日本来讲,西田龙雄的贡献尤为重要。

西夏文的两件《孙子》残卷现藏于圣彼得堡的东方文献研究所,把两者残存的部分拼合起来就可以看到《军争》(部分)、《九变》、《行军》、《地形》(部分)、《九地》(部分)、《用间》(部分)各篇的文本,以及对应的曹操、李筌、杜牧的注释,而且还可以看到《史记·孙子吴起列传》(部分)的西夏文译文。译本是木版印刷的,所以当时的印量应该达到了一定数目,但无法得知具体是何时以及为何而译,只能通过当时的时代环境去推测(参阅191页)。

研究表明,西夏文译文在很多地方都体现出古老的特征。首先,在现存的汉文《孙子》中,不存在只有曹操、李筌、杜牧注的版本。若具体分析的话,比如,关于在前一章的开头介绍过的《军争篇》"其疾如风"一句,在《十一家注孙子》中,注为"进退也。其来无迹,其退至疾也",这十二个字都被认为是李筌的注,但在西夏文译文中,"进退也"后面还有相当于"杜牧言"的字,所以可知自"其来"开始的这九个字本来是杜牧的注释。西夏文译文依据的原本肯定是11世纪时期在中国北方流传的《孙子注》的一种。关于西夏文《孙子》的内容将在第二部分的第四章进行简单的介绍。

从满文翻译到法文翻译

根据现存的资料,我们无法确定建立了元朝的蒙古人是否翻译过《孙子》。满洲人统治的清朝承袭了明朝的制度,通过武举选拔高级武官,但在出题上有了一些变化。建立初期的清朝本来是按照明朝的制度从《武经七书》出题,后来他们认为即使是武官也需要具备儒学的基础教养,所以从康熙四十八年(1709)起就开始加考《论语》《孟子》了。同时,他们还将兵书的出题范围缩小到只有《孙子》《吴子》《司马法》("武闱三子"),在次年即康熙四十九年(1710)完成了这三者的满文翻译和蒙文翻译。如果仅是这样的话,考试范围变了,清朝基于满汉双语共用的原则翻译了中国的基础文献,也就只是一个小插曲。但因为有了《孙子》被介绍到18世纪的欧洲这一契机,《孙子》的满文译本得到了更为广泛的传播。

16世纪后半叶,西方传教士开始在东亚布教。就像他们使日本各地有势力的大名成为信徒一样,在明代末期的中国,传教士与士大夫之间也保持着往来。崇祯十七年(1644)明朝灭亡,为了接近属于清朝权力中枢的满洲皇族和贵族,北京的传教士逐渐可以熟练运用满文进行会话和读写。法国传教士若瑟·玛利·阿米奥(1718—1793,中文名为钱德明)等人甚至编纂了满语辞典。钱德明将中国文化介绍到欧洲世界,作为让传教意义获得认可的一环,他开始了以满文版《孙子》为基础的法文版(*Les Treize Articles de Sun-Tse*)的翻译,并于乾隆三十一年

（1766）完成。这本书的原稿被运回巴黎并出版是在翻译完成的六年后，即1772年。钱德明还完成了《吴子》《司马法》的法文翻译。也就是说，钱德明的翻译关注的并不是《孙子》在军事理论上的价值，而是在他努力向欧洲世界系统地介绍清朝制度的过程中出现了翻译武举考试中会出现的"武闱三子"的需要。这三种兵书的法文翻译被转载到了1782年的《北京耶稣会士中国纪要·第7卷》（见图11）。总而言之，1772年和1782年的两次出版，是《孙子》被介绍到东亚以外的世界的起点。

后藤末雄的《中国思想西渐法兰西》中曾指出，耶稣会的传教士介绍到18世纪欧洲的大多数中国古典都不是对原著的忠实

图11 《北京耶稣会士中国纪要·第7卷》（1782）。杂志重新登载了钱德明翻译的法文版《孙子》。图为《计篇》的开头部分

翻译，而是释义（paraphrase）。《孙子》也不例外。比如1782年版的《计篇》开头，译成中文内容如下：

> 孙子曰：兵者，国之大事，生死之地，存亡之道。<u>关于军事，如果不深思熟虑，或者不努力好好解决的话，那就是对最重要的东西的拥有和失去太不关心了。像这样的情况，绝对不可以出现。</u>（线为笔者所画）

能与《孙子》原文对应起来的只是一部分，其余的部分（画线处）是钱德明自己补充的。格里菲斯曾经批评说，钱德明翻译的《孙子》中，原文和译者的补充混杂在一起，这是有问题的。然而近年也出现了与上述观点不同的看法，认为正是可以自由改动原典让内容不断充实才有意思。

经钱德明之手引入西方的《孙子传》的部分内容，可以作为编造故事的例证。他如是写道：

> 吴王与楚王、鲁王之间存在众多纷争。眼看着要开战，〔吴与楚、鲁〕双方都做着战前准备。孙子不愿坐视不管。他认为自己不应该当一个旁观者，为了获得在军队的地位，孙子去往吴王那里毛遂自荐。

对于孙武去到吴国的动机，《史记》中没有提及。至于"鲁王"，则是将"阖闾"（Ho-Lou）误认为地名，而且还误将Ho-

Lou 等同于鲁（Lou），所以出现了这样的错误。然后便是吴王让孙武训练宫女来测试他作为军师能力的内容，《史记》中没有说明吴王为什么会想出这么奇特的方式，但钱德明增加了对吴王动机的说明：

王或许是对宫廷的娱乐感到了些许无趣，为了找寻新的娱乐方式，所以想利用这一机会。"将我的妃子们一百八十人带来。"按照王的指示，妃子们出现了。妃子中有两位是王真心宠爱的女人，她们两个就排在其他人的前头。

接着，孙子向妃子们传达指令，但她们却不断违反命令，于是孙子就把王的两位爱妃作为要承担责任的人给杀了。钱德明对后续场面的描写是这样的：

王悲痛万分，受到了沉重的打击，从心底发出了叹息，说道："我失去了，我失去了这个世上的最爱。把这个外国人〔孙子〕赶回他自己的国家。我不需要这个人，也不需要他的帮助。你都干了什么，这个混蛋。我今后该如何活下去呀！"
尽管王曾经悲叹不已，但时过境迁，王终于忘记了悲痛。在敌国将要进攻吴国之际，王又重新招来孙子，并任命他为将军，以此打败了楚王。

像吴王发怒并驱逐孙武，后来在国家面临危机的时候又将孙武召回这样的内容,《史记》中当然是没有的,17世纪的《东周列国志》等历史小说中也没有出现。这是钱德明创作的孙子故事。按照钱德明自己的说法,翻译时用的底本是满文译本,同时参考了中文本。但若他看过中文的话,肯定不会把阖闾(Ho-Lou)和鲁(Lou)弄混。可能钱德明只看了满文译本,译成法文时没有区分属于注释的附加部分和原文,还加上了自己的创作。遗憾的是,无法知晓哪一部分是根据满文翻译的,哪一部分是钱德明自己创作的。

清朝初期在华传教士的翻译对18世纪的法国思潮产生了不小的影响,这些翻译以满文为媒介语言,它们所反映的"中国"是经过满洲人的视角和解释过滤的,这一点需要注意。作为统治者的满洲人心里是如何看待中国的,或许他们的真实想法在传教士的记述中留下了痕迹并被传播到了欧洲。

至于钱德明翻译的《孙子》对18世纪欧洲的战略思想产生了影响这一说法,似乎是在1920年前后从法军的E.肖莱上校等人口中传出的,但并没有任何根据,这一说法就这样传开了(E.Cholet, *L'art militaire dans l'antiquité cbinoise*,1922)。如果拿破仑等人读过《孙子》,那故事就会变得有意思,而《孙子》也就因此有了世界性的价值,或许这一说法是在这样的心态下传播开来的吧。

清朝考据学的贡献

现存最好的《孙子》善本是本书第56、57页介绍过的南宋的三种刊本,在很长一段时间内都只有极有限的一些人才可以看到。而市面上流通的都是面向武举的学习参考书,就连《十一家注孙子》《十家注孙子》似乎也不是谁都能看到的。因此,当时能阅读到纯正完整《孙子》文本的机会很少。或许是出于这个原因,编纂早于18世纪的中国辞书中都没有出现《孙子》的例句。古典文献训诂的集大成者《经籍纂诂》(1812年刊)中就连《孙子》的曹操注都没有采录。

人们相对容易就能读到可信度高的《孙子》,是清朝孙星衍的功绩。孙星衍是出身于江苏省阳湖(现常州市)的官员,其作为考据学家的主要著作有《尚书》的注释《尚书今古文注疏》。他在道教经典的合集《道藏》中发现了《十家注孙子》,而后参考许多文献进行了仔细的校订,并于嘉庆二年(1797)收入岱南阁丛书刊行,又于嘉庆五年(1800)复刻了宋刊本《魏武帝注孙子》作为平津馆丛书之一。孙星衍的校订充分发挥了其作为考据学家的本领,通过比较各个典籍所引的《孙子》片段引出结论,与明代其他注释的水平完全不同。虽然也有人指出其资料上的局限性或者是判断上的失误,但若要讲18世纪末以来的《孙子》研究,孙星衍的贡献则是不能忽略的。他之所以如此执着于《孙子》的一个原因是他相信自己就是孙武的后代。因此,岱南阁本中所附的毕以珣的《孙子叙录》虽然是很有价值的研究,但就孙武的传记和家谱部分而言，因有孙星衍本人为孙武后代的顾虑，导致其考证不够严谨。

在孙星衍校订出版的《孙子》基础上进行更深入的文本研究的，是清朝古典学最高水平的代表人物之一王念孙，内容虽少但见解很精辟。比如他说《谋攻篇》的：

敌则能战之，少则能逃之，不若则能避之。

当中出现的三个"能"在语法上非常难理解，但一直以来都没有人提出过疑问。到了王念孙，他举出春秋战国时代"能"与虚词"乃"用法相同的例子，对文本做了如下修改（王念孙《读书杂志·卷四之十三》、其子王引之《经传释词·卷六》）：

敌则能战，少则能逃，不若则能避之。

虽然训成日文后会出现"すなわちすなわち"，看上去不自然，但两者的用法不同，所以并不成问题，"则"表示条件，即"如果A（前提）的话B（结果）"；而"乃"等于"能"，表示"那么，就"，可换气停顿。与不加思考地直接把"能"当作助动词的一般作法相比，这种解读要有想法得多。可惜王念孙并没有对《孙子》进行完整的校订，有其亲笔批注的《魏武帝注孙子》现藏于中国台北故宫博物院，似乎是作业进行到一半然后就中断了，后面几乎没有任何注释。其批注本如果完成，一定会是非常优秀的著述。

同样也是基于考据的清代《孙子》研究，经常被提到的还有俞樾（1821—1907）的《著书余料》（后收入《诸子平议补录·卷三》），但他的著述中对正确解读《孙子》最有价值的反而是《古书疑义举例》。另外，叶大庄（？—1898）的《退学录》和于鬯（1854—1910）的《香草续校书》中也有许多关于文本校订的见解。虽然不全是妥当的意见，但可以成为发现问题的线索，比如，19世纪的中国人读《孙子》时，以他们当时的语感会对文章的哪些地方有疑问。

至此，我们观察了《孙子》在中国走过的两千多年。战国时代盛行的孙氏学派在进入汉代后开始衰微直至完全消失，这一点让人印象深刻。而《孙子》本身自北宋以后也作为武举这一朝廷考试制度的出题科目而存留下来，有一些注释持续出现。18世纪的《四库全书》的提要中，对当时《孙子》所处的情况做了如下总结：

> 然至今传者寥寥。应武举者所诵习，惟坊刻讲章，鄙俚浅陋，无一可取。
>
> 《四库全书总目·卷九十九》

简言之，即因为考试中会出现，所以参加武举考试的人不得不读。《四库全书》对《孙子》态度冷淡，只收录了一小部分的原文，就连曹操注都完全忽略了。当然也有人喜欢《孙子》的文章，只是这些人都只在私下阅读和讨论。朝鲜的情况和中国并无大异，不过是复刻明代编的武举参考书，属于自己（独创）的《孙子》注释就只有赵义纯的《孙子髓》（1869年序，大阪府立中之岛图书馆藏）。

然而在进入17世纪后，一个对《孙子》表现出近乎过度关注的地方出现了。那就是武士支配下的江户时代的日本。

第三章 | 日本的《孙子》
——到江户时代末期

不受重视的《孙子》

本章将以一段荒唐无稽之语作为开头。《三略口义》（京都大学附属图书馆藏）被认为是江户初期的写本，是一部兵书注解。下文是其开头部分的大意：

> 中国书籍首次传到日本是在秦始皇二年〔前220〕。秦始皇九年〔前213〕的焚书坑儒使部分书籍在中国失传，唯独日本保留了儒学的原典。
>
> 兵法《三略》是神功皇后元年〔在《日本书纪》相当于201年〕一位来自中国的名为履陶公的人授予仲哀天皇的，后传于应神天皇。应神天皇在临去世时领会了《三略》，成为军神八幡大菩萨。此后，兵书在日本一度失传。
>
> 延长元年〔923〕，大江惟时到达中国，献上黄金五万两求得《六韬》《三略》"兵法四十二条"。而这一次传入日本的《三略》，正是承历二年〔1078〕大江匡房传授给源义经的兵法。另

一种说法是，入唐的吉备真备从神那里得到《三略》，回到日本后敬奉给了鞍马寺的多闻天。多闻天将其传授给了鬼一法眼，但被当时在鞍马寺的源义经盗走。之后义经在平泉去世，《三略》则飞回了鞍马寺，传于鞍马的八名僧人及一位叫一原次郎的人。

这个故事成型于室町时代并广泛流传，但从头至尾都不是史实。这里出现的兵书被形容得如魔法教材一般。这个故事在进入江户时代后被进一步扩充，创作出了牵扯到多田满仲、楠正成、山本勘助等人的日本兵法传授史。然而，故事里出现的兵书就只有《六韬》《三略》。那么《孙子》到底是怎么一回事呢？

从镰仓时代到室町时代，在日本最有影响力的"兵书"是上文出现的"四十二条"，即"兵法秘术一卷书"。这是一部非常古怪可疑的法术书（可参阅大谷节子校注本及石冈久伏《日本兵法史（上）》）。如果算上汉籍兵书，排在前列的是《六韬》《三略》。正因如此，武内义雄才会认为传入日本的古兵书写本几乎都是《六韬》《三略》，并说"综合考虑的话，从镰仓到室町，我国的兵学比起孙子更重视《六韬》《三略》"（《孙子之研究》第七章）。书志学家阿部隆一凭借自己汉籍调查方面的丰富经验也发现了这一事实：

除去江户时代，如果概览我国从王朝时代到室町末期的兵书类汉籍阅读史就会发现，兵书中最有名且按理来说读者最多的应该是《孙子》，却不知为何几乎无人阅读。被广泛阅读的是《六韬》《三略》，尤其是《黄石公三略》。

关于金泽文库本《施氏七书讲义》残卷

就算查阅可靠的史料，信西（1106—1159）的《通宪入道藏书目录》中也没有《孙子》。而藤原赖长（1120—1156）的《台记》中，康治二年（1143）九月二十九日的读书单中出现的兵书则是《素书》，《素书》被认为是汉代张良的兵法。根据九条兼实（1149—1207）的《玉叶》，明经道的博士家中原氏传承了《素书》，清原氏传承了《三略》。三条西实隆（1455—1537）《实隆公记》中出现的兵书，以及更晚时代的德川家康爱读的兵书，都是《六韬》《三略》。当庆长四年（1599）依家康之令伏见版开始出版时，最先选择的也是上述二者。（《庆长年中卜斋记》卷中，川濑一马《古活字版之研究　增补版》）不管查什么资料，在江户时代之前都几乎看不到《孙子》的踪影。为什么直到17世纪前半，《六韬》《三略》都比《孙子》受到重视呢？原因有两个。

第一，《六韬》《三略》是西周的开国功臣太公望吕尚的兵法这一传说在唐代中国以及日本广为流传。关于《三略》甚至还有这样的传说：张良从一位叫黄石公的老人那里获得了《三略》，并借此兵法帮助刘邦开辟了汉王朝。相比之下，任用了《孙子》作者孙武的吴王阖闾只是强盛一时，并没有成为王朝的开创者。一个是帝王的兵法，一个是区区诸侯的兵法，前者受到重视也是理所当然。第二，《六韬》《三略》中有着统治论等各种箴言。尤其是《六韬》，从平安时代开始就"被当作文治主义性质的经世济民之书来读"（《六韬秘传》，勉诚社，1980，藤本二朗解说）。

而更为纯粹的兵书《孙子》则并不一定适合皇族和公家。日本自古就重视《孙子》的这种说法开始形成于江户幕府末期。

作为平安时代的人曾学习过《孙子》的证据，大家会提到下面这则逸闻。后三年之役（1083—1087）源义家攻打金泽栅时，看到本要落到田地上的雁群又乱了队形往上飞，想起从大江匡房那学的兵法"军伏于野，群雁惊飞"，因此发现了伏兵。这话的源头应当是《行军篇》的"鸟起者伏也"，但这个雁群乱了队列的故事最早也只能追溯到镰仓时代建长六年（1254）的《古今著闻集》。当中只写到源义家学习了"兵法"，但并没有出现《孙子》的名字。真的可以因为在一百七十年后的故事中出现了"兵法"就据此说平安时代的人读过《孙子》吗？

奈良时代、平安时代的《孙子》

但若要说早前《孙子》并没有传到日本或是被忽视了的话，则又是言之过甚。日本人学习《孙子》最早的确凿记录是《续日本纪·卷二十三》，天平宝字四年（760）十一月丙申（十日）的记载：

遣授刀舍人春日部三关、中卫舍人土师宿祢关成等六人至大宰府，随大弍吉备朝臣真备，习诸葛亮八陈、孙子九地及结营向背。

新日本古典文学大系《续日本纪·卷三》，岩波书店，第367页

这一条一般被理解为是讲解《孙子》的《九地篇》，但其实有点值得怀疑。唐朝的李筌将军队阵型的诸要素列为"主客、攻守、八陈、五营、阴阳、向背"（《形篇》注），或许这一条讲的是实地指导地形地势的有利不利以及对阵地设置的判断。从灵龟二年（716）到天平七年（735）的大约十九年间，即玄宗开元四年至二十三年（716—735），吉备真备（695—775）在唐留学。若他在留学期间学习了兵法，那在公元前8世纪前半叶《孙子》就已传到日本。然而正仓院文书中记载了大量的汉籍书名，兵书却只有天平二十年（748）六月十日的"写章疏目录"中出现的"安国兵法一卷"，并没有《孙子》。

《续日本纪》之后比较早的记录是9世纪末宽平年间（889—898）的汉籍目录，藤原佐世《日本国见在书目录》中出现有"孙子兵法二卷　吴将孙武撰、孙子兵法书一卷　巨诩撰、孙子兵书三卷　魏武解、孙子兵书一〔卷〕魏祖略解""孙子兵法八阵图二〔卷〕""续孙子兵法二〔卷〕魏武帝撰"六种。魏武、魏祖都指魏武帝曹操。可知当时传到日本的有《孙子》的原文、贾诩（巨诩应为误写）的《钞孙子兵法》和曹操注详略两种。尽管如此，直到信西和藤原赖长等人出现的12世纪为止，此间的某个阶段《孙子》被人们遗忘了。在奈良时代、平安时代初期传入日本的古老《孙子》只留下了浅浅的痕迹。关于这一点将在第二部分的第一章中叙述。

至于其他的兵书，《六韬》也一度在日本销声匿迹。现在看到的《六韬》都是11世纪前后缩减后收入《武经七书》而广泛流传的北宋改编本。若要看改编之前的《六韬》，则可以通过敦煌出土的残卷3454、《群书治要·卷三十一》的引用和西夏文翻译，原来的内容要比今本多很多。现称其为"原本《六韬》"。滋野贞主的《秘府略》(831)中引用的《六韬》的句子在现行的文本中并不存在，以及《日本国见在书目录》的"太公六韬六周文王师姜望撰"这一记载都可以证明在9世纪初期的日本曾存在过从唐朝传入的原本《六韬》。但是日本现在流传的《六韬》写本中没有任何一种是属于原本的，全都是室町时代抄写的北宋改编本。

也就是说，奈良时代、平安时代初期和平安时代末期、镰仓时代之间的这段时间，是中国兵书在日流传的一个巨大断层和空白。但这个断层并非针对《孙子》《六韬》这样个别的书籍，而是日本的汉籍普遍存在的。这是中国唐代和南宋之间文献、学问本质上的不连贯在日本的投影。

临济宗与学问的新浪潮

《孙子》《六韬》等反映出来的这种汉籍传承的断层出现的原因是什么？思考这一点，必须先了解日本的书籍传承或是汉籍学习、教育所发生的变化。

此处让我们暂时将话题转到日本创作的古老图书上。笔者最先想到的是以《古事记》《万叶集》为首的奈良、平安时代的古典。但这些古籍的古老原本也已经失传了。日本保存有平安时代写本的《日本书纪》和《万叶集》，以及保留有镰仓时代初期写本的《源氏物语》，虽不完整，也已算是幸运的了。应安四—五年（1371—1372）的《古事记》写本，天正二十年（1592）的附有奥书的《竹取物语》写本，庆长二年（1597）的《出云国风土记》写本，是这些古籍尚存的最古老版本。日本书籍变得相对容易流传下来是在17世纪京都的印刷出版步入正轨之后。

书籍的传播和流通在木板印刷普及之后发生了变化，在中国亦是如此。虽然在唐代就已经有木板印刷的技术了，但当时存在一个比较强的传统观念，那就是书籍应当选择纸和墨，并用优美的楷书来呈现。10世纪后半叶，书籍开始慢慢从卷轴写本向册状刊本过渡，通过木板印刷生产书籍逐渐步入正轨。11—12世纪各地的商业出版都很繁荣。虽然刊本出现后中国典籍开始变得容易保存下来，但另一方面又只有那些经过官方或权威学者校订的版本可以留存下来，唐代及之前的那些古写本都逐渐被淘汰了。与此同时，到10世纪前后存在过的各种异本也都消失了。

如此大的转变，对日本的汉籍流通也直接产生了影响。从奈良时代到平安时代初期，由唐传入的汉籍都是写本，很多时候都只有一套，到了日本后人们再费时去抄写副本。然后儒学典籍会在朝廷的大学寮，佛教经典则会在奈良和京都的寺庙研究和教授。然而从平安时代后期开始，南宋的刊本随着贸易输入日本，于是就和中国的情况一样，在日本，古写本也开始被淘汰。比如《论语》，在日本《论语》是一部大家自古就学习的重要典籍，正仓院文书中也有对《论语》写本制作的记录，但是迄今为止发现的本子却都是镰仓时代以后的了。之前的写本都已经消失。

奈良、平安时代与镰仓时代在汉籍传承上的不同不仅仅是从写本到刊本这一书籍形态的变化，更重要的不同是承担传播任务的角色发生了变化。关于这个问题，高桥智的研究非常重要，他对现存的不晚于室町时代的《论语》《孟子》的古写本进行了细致的研究。（《室町时代古钞本〈论语集解〉的研究》，2008年）笔者在高桥观点的基础上，对与当前问题直接相关的内容做了概括，从宋朝传入日本的书籍主要分为两类：（一）从平安时代起传承官方学问的博士家所继承的国子监的刊本，（二）临济宗的禅僧带来的福建民间出版的刊本。从平安时代末期到室町时代，对日本的学术影响更大的是后者。

临济宗禅宗的传承和传播依靠的是从日本过去的留学僧以及宋元时来日的僧人。当时的留学僧拥有极高水平的汉语会话及读写能力，五山文学丰富多样的文体体现了这一点。禅僧的阅读并非只限于佛教典籍。尤其与日本接触机会较多的中国东南沿海地区（现浙江、福建一带）的临济宗禅僧曾兼修禅学和朱子学，所以南宋末、元代的朱子学也通过禅僧传入了日本。而延续着平安时代以来的传统并保留着自唐以来的解读方式的朝廷博士家则开始逐渐失去作为学术活动中心的地位。自13世纪起，取而代之教授最新的朱子学，承担起日本汉学研究任务的相继为镰仓五山、京都五山、足利学校的禅僧。关于这段历史，可参考足利衍述、川濑一马、和岛芳男、玉村竹二等人的详细研究。

高桥指出，通过临济宗禅僧传入日本的《论语》是福建民间出版商印刷出版的版本。《孙子》也一样，随着新浪潮传入日本的正是前章提到过的武举参考书《施氏七书讲义》。北条实时（1224—1276）命其子北条显时（1248—1301）于建治二年（1276）前后依宋版抄写的金泽文库本《施氏七书讲义》中的《孙子讲义·地形篇》的一部分现藏于庆应义塾大学斯道文库，可知其最晚在13世纪后半期也已经传到日本（见图12）。除此之外，据说还有长井㴑八旧藏的《九地篇》和中岛德太郎旧藏的《火攻篇》的写本，但现在下落不明。此后，从镰仓时代到江户时代宽文年间（1661—1673）将近四百年的时间里，对日本影响最大的中国兵书就是《施氏七书讲义》，而说到《孙子》也都指的是此书中的《孙子讲义》。元版（或是明初版）的《魏武

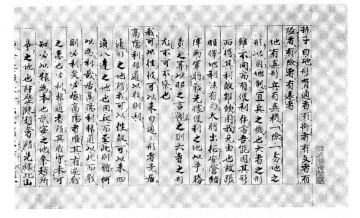

图12 镰仓时代写本《施氏七书讲义》。《孙子·地形篇》的残卷。原本藏于庆应义塾大学斯道文库。取自《庆应义塾大学附属研究所斯道文库贵重书搜选》（斯道文库，1997）

帝注孙子》也曾流传过，但似乎由于注释过于简洁而没有普及开来。《施氏七书讲义》的注释内容详尽，同时还能用来作为中文写作的参考，对于外国人的学习而言相当便利。

兵书对于临济宗的禅僧而言并非只用来收藏，同时也是阅读的对象。僧侣们在寺庙中阅读兵书，现在想来或许有些不可思议，但镰仓、室町时代的临济宗禅僧博览群书，对佛教经典以外的汉籍也都广为涉猎。今京都建仁寺两足院所存汉籍的质量和数量都足以证明这一点。而且禅宗典籍中也时常会出现以战争和军队来做比喻的地方。在日本产生了重要影响的圆悟克勤（1063—1135）的《碧岩录》中，像第十二则中有名的"杀人刀、活人剑"（入矢义高等译注，第182页），第十四则的评唱中出现的"百万军阵"（同上，第205页）等，在常人看来不觉温和的表达随处可见。南宋著名禅僧大慧宗杲（1089—1163）的言行录《宗门武库》的书名意为"为了破除谬误的禅宗兵器库"，序文中将大慧说法之巧妙比喻成诸葛亮的谋略。南宋的禅学与兵学，二者的遣词和表达有不少共通之处。

禅僧曾读过《孙子》的证据在其他著作和藏书中也可以找到。首先，南禅寺、东福寺的虎关师炼（1278—1346）读了《孙子·用间篇》的"昔殷之兴也，伊挚在夏。周之兴也，吕牙在殷"后评论道，伊挚（伊尹）和太公望等贤人是不可能会做出这等卑劣之举的，这不过是装成孙子的兵法与古之贤人有所关联的样子，是战国时代游说诸国之士的把戏之一而已（《济北集·卷二十·通卫之五》）。如果不了解《孙子》的内容以及南宋叶适的《孙子》战国时代成书说（本书19、20页）的话，虎关师炼是不会写出这一评论的。另外，东福寺岐阳方秀（1361—1424）的《碧岩录不二钞》在卷八第七十二则的注释中引用了《孙子》，建仁寺、南禅寺的月舟寿桂（1460—1533）和妙心寺的南化玄兴（1538—1604）等禅僧传承的宋版《史记》（日本国立历史民俗博物馆藏）的庞大批注中有对《孙子》杜牧注的大段引用，以及天正八年写本《魏武帝注孙子》（本书50页，图6）为禅僧所抄等，都是有力的例证。

通晓儒学、禅学，同时还阅读兵书的临济宗禅僧中，精通儒学经典之一《易经》的亦不在少数。川濑一马指出，室町时代的武将为了自己的修养和子弟的教育，需要那些能够讲授儒学的僧侣，"尤其是讲军阵时，必须得是精通兵法及卜筮的人才行"（《增补新订　足利学校的研究》，第38页）。能满足所有这些条件的，只有临济宗的僧侣。各地的武将争相建造禅寺，招聘那些在京都五山或是足利学校学习过的高僧，"越来越多的禅僧在负责武家子弟教育任务的同时，还兼任军事顾问一职"（同上，第195页）。于是地方上的禅寺兼具了大学或政策提案机构的功能。如此一来，禅僧所具备的兵书知识开始向地方传播。

考虑到上述原委，最早出现在《甲阳军鉴·卷十六》（酒井宪二《甲阳军舰大成》中收录的土井忠生旧藏本）中的武田信玄的孙子之旗的由来也就好理解了。信玄与临济宗的禅僧互有往来，具有很高的修养，留下了天文十五年（1546）的倭汉联句（《甲府市史　史料编一》，1990年）和天文二十年（1551）前作的七言绝句十七首(《大日本史料》一〇编十五册,第238—243页)等作品,并于永禄二年(1559)在临济宗禅僧岐秀元伯(生卒不详)门下出家(《山梨县史 通史编2》,2007年)。大家所熟知的武田信玄军旗上的"疾如风徐如林侵掠如火不动如山"十四字,应该是他在临济宗的学问的影响下,考虑到这些字亦为禅宗法语,故而从"七书"之一的《孙子》中选择的。在汉译佛教典籍中亦多处可见"其疾如风""不动如山"等用语。到了18世纪以后,临济宗与兵书的关系几乎被人完全遗忘,人们就只看到风林火山兵法的一面,进而误以为被重视的只有《孙子》。到了更后来的幕府末期,甚至有传言说武田信玄、上杉谦信之所以厉害是因为他们对《孙子》等兵书进行了研究。(竹腰正谡《〈孙子详解〉序》)

江户时代初期的《孙子》研究实质上是室町时代的延续,所以也放在这一节讨论。上文已经提到,依德川家康之令伏见版的《六韬》《三略》在庆长四年得以刊行。七年后,"七书"的完整版出版,并附有日期为庆长十一年七月二十一日由闲室元佶(1548—1612)所书的跋。在此之前仅有写本流通的《孙子》首次在日本印刷出版。主持这一事业的核心人物闲室元佶亦是临济宗的禅僧,曾任足利学校第九代庠主(校长),后来成为伏见圆光寺(现为京都诗仙堂的北邻)的开山。虽然此庆长版"七书"使用的底本为足利学校收藏的天正四年写本《施氏七书讲义》,但刊行时施子美的注释全部被省略了(川濑一马《古活字版之研究 增补版》)。庆长版"七书"在江户时代数度再版(见图13),

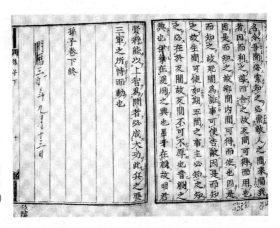

图13 江户初期刊本"七书"之《孙子》。依庆长版制作的整版本。卷末添字表示明历三年（1657）阅读完毕之意

与室町时代相比，此时要读到《孙子》容易得多。随后，《施氏七书讲义》全文也在庆长年间通过活字印刷扩大了读者群。作为诗仙堂的主人而为人所知的石川丈山（1583—1672）是具有临济宗禅僧身份的武士，其于元和四—七年（1618—1621）阅读了这一活字版的《施氏七书讲义》（小川武彦《元和期的石川丈山的动向》，《江户诗人选集》第一卷月报，岩波书店，1991年）。

即使出版再多的《孙子》原典，因为全是中文，对于武士而言也是难以理解的。后来林罗山（1583—1657）在元和六年（1620）的《孙吴摘语》和附有宽永三年（1626）跋的《孙子谚解》中加入了面向普通读者的日文解说，使其读起来变得相对容易了一些。罗山的少年时期在建仁寺度过，后来跟随相国寺的藤原惺窝（1561—1619）学习，也属于临济宗的学术体系。《孙子谚解》是依照《施氏七书讲义》所写的《七书谚解》之一，可以说是最后一部沿承了镰仓时代以来传统的《孙子》注释。"谚解"是指以"谚"（非中文的俗语）来"解"释的意思，原先指以朝鲜文字译注汉籍的朝鲜注释。

总而言之，在江户时代初期，室町时代的临济宗禅宗的影响还有很大程度的遗留，他们重视南宋和明的武举参考书，并将"七书"视为一个整体。宽永二十年（1643），刘寅《武经七书直解》的再版是对这一传统的延续。《六韬》和《三略》拥有较高的地位也是到这个时代为止。

日本式《孙子》的形成

野口武彦《江户的兵学思想》中讲道："如果用同样的说法〔西欧思想史是对柏拉图的注释史，汉字文化圈的思想史大体就是对孔子的注释史〕来形容中国及日本的兵法思想史的话，说其基本上就是对《孙子》解读的累积也并不为过。"（中公文库版，第13页）依笔者的理解，这样的概括不一定正确。在日本，重心从包含《六韬》《三略》在内的"七书"转移到《孙子》是在进入江户时代之后，对此产生影响的历史背景之一，是于康熙四十八年（1709）开始的清朝武举制度的改革，正是此改革使得通过长崎传入日本的中国兵书开始以"武闱三子"（《孙子》《吴子》《司马法》）为中心。下文在概述江户时代的《孙子》研究时将参考日野龙夫关于近世文学史划分的观点，大致分为如下三个阶段进行叙述：

第一阶段　从宽文年间至宝历之前

第二阶段　从宝历至18世纪后半叶

第三阶段　19世纪以降

（日野龙夫《近世文学史论》《岩波讲座日本文学史8》，岩波书店，1996年）

第一阶段　从宽文年间至宝历之前

导致自镰仓、室町以来对中国兵书的解读方式发生转变的原因，是日本宽永二十一年（1644）明朝的灭亡和清政权的出现所带来的冲击（亦可参阅日野《近世文学史论》之二）。不过，清政府并不是立刻就统一了整个中国，志在复明的南明势力一直在持续抵抗，而日本幕府对于他们向日本请求援军以及据守中国台湾的郑成功的动向等一直都高度关注。从后来近松门左卫门创作的人形净琉璃戏剧《国姓爷合战》中和藤内（郑成功）击败鞑靼（清）的剧情梗概也可以看出，江户时代有不少人认同南明的残存势力。明朝复兴的希望逐渐变得渺茫，参与过反清运动的朱舜水于万治二年（1659）来到日本，自那前后日本人开始考虑若清军通过海路进攻日本他们该如何应对，因为他们联想到了元代蒙古人统治中国时期的文永、弘安之役。而与明朝和李氏朝鲜联合军的文禄、庆长之役，还只是半个世纪前的事情。

因此，日本人必须要了解中国的军事消息，而传播这些消息的中心人物之一，是一位曾仕于尼崎藩的京都学者鹈饲石斋（1615—1664）。宽文元年（1661）的《明清斗记》是一部日文军事小说，从明太祖的谋臣刘基（刘伯温）对明朝命运的预言开始，一直写到明清的王朝交替和据守台湾岛的郑成功的奋战。此书在向日本介绍明末清初的战史上起到了非常重要的作用。明茅元仪所著的《武备志》于宽文四年（1664）刊行时添加了石斋的训注，全文共二百四十卷。虽说是四十多年前的作品，但在当时日本可以读到的中国兵书中算是比较新的。石斋之所以不遗余力地为篇幅如此浩大的一部书作训注并向日本读者推广，是因为他有这样一种危机意识，即必须弄清楚清军进攻日本时会采取什么战术，这是一种将清朝政权视为假想敌的攘夷。贞享四年（1687）前后，熊泽蕃山（1619—1691）也同样抱有清军可能会进攻日本的危机感，这一点业已被指出。（野口武彦《江户的兵学思想》中公文库版，第19页）

在对远方怀有不安的时代背景下，山鹿素行（1622—1685）的《孙子谚义》出现了，此书附有宽文十三年（1673）的序，是《七书谚义》的组成部分。如前文所述，包括林罗山在内，自室町时代以来对兵书的解读主要由临济宗禅僧担任。素行对于日本《孙子》研究史的重要性在于他掀起了武士亲书注释这一新风潮。武士本是战争领域的专业人士，然而他们却开始做学问，开始对学者们的讲解和注释进行评议及批判。这也反映出武士的一种自负心理：比起不会骑乘甚至连刀都不会用的儒官和僧侣，他们才更能读懂兵书。《孙子谚义》到明治末期都未曾刊印，可以读到

《孙子谚义》最早也要到1912年（可参考下一章112页）。然而由素行起头的武士意识与《孙子》研究的结合传播到了江户时代的日本各地，一直延续到20世纪末，成了日本的一大特色。

或许是出于对中国军事形势的高度关注，在宽文九年（1669）日本还复刻了宋吉天保编的《孙子集注》（《孙子十家注》）。在室町时代的日本，《魏武帝注孙子》非常稀少，要读的话不得不费力去获取写本。而《孙子集注》出版后，接触《施氏七书讲义》以前的古注就变得容易多了，因此就可以不依赖南宋或明朝的武举教科书，还能阅读到三国或唐的注释。代表性的著作首先是荻生徂徕的《孙子国字解》，此书被推定写于宝永四年（1707）前后（平石直昭《荻生徂徕年谱》，平凡社，1984年）。如"国字解"所示，书中汉字与假名合用。《孙子》所言乃他国之事这种意识贯穿全文，后世对此书的评价也很高。然后是新井白石的《孙武兵法择》（据古川哲史《新井白石》，此书应为1722年之作），书中提到"要解读古书，当依据古义"，还指出《管子》和《孙子》存在相似的表达方式。在白石之前没有人如此明确地主张过中文古今有别，他的《孙子》注释试图彻底贯彻基于这一主张的解读方式。虽然徂徕、白石的注释是在出版很久后才开始广为人知，但我们还是应该将这个时期出现的回归古注和原典的态度与伊藤仁斋（1627—1705）及徂徕等人对宋学正统性的怀疑结合起来进行思考。

属于第一阶段的注释还有神田白龙子（1680—1760）的《武经七书合解大成俚谚钞》（1714年序，1728年刊）（见图

14)。他也和素行一样强调武士解读的重要性,为了让武士们更容易理解,他不仅使用日文写作,还加了许多插图,甚至经常以《太平记》《甲阳军鉴》为例。此书可以说是一部相当日本化的读物。然其基本上就是简约版的明代"七书"注释,在学问内容上比较老旧。当《孙子》(如果要再加一个的话就是《吴子》)成为江户时代兵书研究的主流以后,就再也没有这样大规模的"七书"注释出现了。

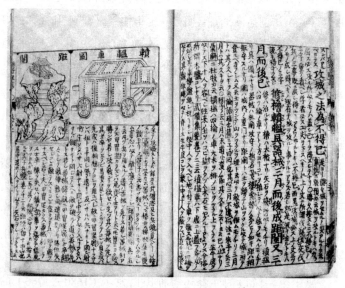

图14 神田白龙子《武经七书合解大成俚谚钞》。带图解的日文"七书"解说,被广泛阅读。可以看到《孙子·谋攻篇》的"轒辒"和"距闉"的图片。享保十三年(1728)刊本

第二阶段　从宝历至 18 世纪后半叶

宽延三年（1750），在此之前仅有写本的荻生徂徕的《孙子国字解》首次出版并大量流通，使以清晰易懂的日文通读《孙子》成为可能，于是进入第二阶段。与祖述《孙子》在中国是如何被解读的江户初期的注释不同，《孙子国字解》是从徂徕自身出发，讲他是如何理解的，为什么可以这样解读，中国与日本的社会制度有何不同，等等。他为自己的解读一一列出依据，并清晰地论述，带来了一种"大家的《孙子》"的解放感（见图 15）。现在就算没有被传授兵法也可以简单地看懂《孙子》了，于是一些过去从来没有过的注释形式也随之出现。本来，从学术史意义上讲，此处应该详细介绍《孙子国字解》，但笔者打算通过介绍由其派生出来的几部注释来展示徂徕的影响之大。

于《孙子国字解》刊行的第二年即宝历元年（1751）十二月完成的山路业武《孙子语解俗和歌》（筑波大学中央图书馆藏写本）是一部奇书，它将《孙子》翻译成了五百首和歌。比如，《谋攻篇》的"是故百战百胜，非善之善也。不战而屈人之兵，善之善者也"被翻译如下：

戦はず敵をなくせば　国民をそこなはずして　勝は全し
戦ひを用ひば　国を制すとも　人をそこなひ　至極とはせじ

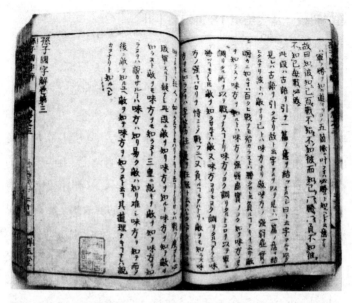

图15 取自荻生徂徕《孙子国字解·谋攻篇》。是江户时代最为广泛阅读的《孙子》注释，产生了极大影响

相应的内容在《孙子国字解》中为"善之善者とは、よきの至極と云ことなるゆへ、非善之善者とは至極よしとはせられぬと云意なり"。上文的和歌虽算不上优秀，但作为体现《孙子国字解》影响的例子还是非常有趣的。另有一些注释则带有对抗《孙子国字解》之流行的意识，如若狭小浜藩的山口春水（1692—1771）所作的《孙子考》等。

同时还出现了试图将《孙子》翻译成和语的注释书。上田白水（1703—1777）的《孙子义疏》，附明和二年（1765）自序。白水字宽，仕于淀藩，跟随并河天民（1679—1718）学习了太田道灌的兵法,又在江户于松宫观山(1686—1780)处学习了北条氏如(1666—1727)的兵法。观山因反幕府思想家山县大贰被处死的明和事件(1767)连坐而被逐出江户,但白水的《孙子义疏》是在这之前的作品,所以书中时常会提及其师观山的观点。书中也参考了《孙子国字解》,高度评价其"多有创见"的同时,又对此书多处加以批评,明显是受到《孙子国字解》刺激和影响的注释作品。

下文以《孙子义疏·卷一》的开头部分为例介绍《孙子义疏》的体裁。

道とは、民をして上と意を同じくしてこれと与に死す可く、此れと与に生く可くして、畏れ危ぶまざらしむるなり。(道者,令民与上同意也,故可以与之死,可以与之生,而不畏危。)

(《计篇》。此处所示训读依据的是《义疏》。可参阅新订26页)

像这样先给原文加上训点,接着对内容进行了说明"道原指人行走的路,借此引申为道理和方法之意,此处指治理国家的道理和方法。民不单指农工商,而是指其领土内不分贵贱的所有人"。有特点的是接下来的"全疏"。

道とは、その仕方はいかにあれ、下と上とこころゆきを同じくして、これとともに死せんも、これとともに生んも上の意にまかせて、しかも上をたしかに思て、少もをそれあやぶまざるやうにすることなりとぞ。(道指的是不论如何都要上下同心，不论是死是生皆凭上意，而且要真切为上面之人考虑，绝不可让其有危。)

没有使用任何汉语词语就将原文的内容都说出来了。白水说，"照汉文翻译叫正译，因和汉语言有别，故正译会有难懂之处，虽译后用词等不同但为同一个意思的叫义译，重点是要不失原意，不可等闲视之。贵在多用通俗易懂之语，让初学者容易理解"。"正译"指的是训读；"义译"指的是用日本固有的语言来翻译。虽然有部分篇章没有"义译"，但不算《孙子语解俗和歌》的话这应该是最早的日译《孙子》。

"义译"之后的解说也非常有趣，内容如下：

孙子对道的要点把握得非常正确。圣人治民，英雄治民，其方法、心性、诚伪、悬隔亦有不同，行道合德，使民顺从，虽成功亦分高下，但都靠上下同心方得以成功。最次如天草四郎据守一城，士兵们受尽折磨，终力竭而城陷，却无一人投降，是因虽为歪门邪道但民心团结。此乃四郎所行之道。应知此乃兵法之真髓，若不以此为基本，即使胜利亦非真的胜利。

虽用"最次""歪门邪道"进行了否定，然以岛原之乱的天

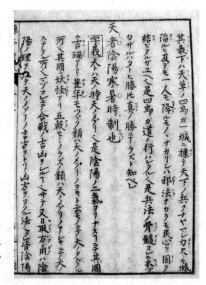

图16 取自上田白水《孙子义疏·计篇》。在第一行可以看到"天草ノ四郎"的字样

草四郎作"兵法之真髓"之例的江户时代《孙子》注释只此一处（见图16）。

随着日本大众对《孙子》需求的增加，宝历十四年（1764）肥前莲池藩的冈白驹（1692—1767）校订的《魏武帝注孙子》出版了，这是日本首次刊行曹操注单行本，为文本比较研究提供了契机。此书的底本可能是天正八年写本这种室町时代传本。另外，天明二年（1782）的藤堂高文（1720—1784）《孙子长笺》、《孙子发挥》（筑波大学中央图书馆藏）、成书年代不详的皆川淇园注《孙武子》等也是这个时期的作品。

包括上文列举的作品在内，18世纪后半叶的《孙子》注释体现了武士研究《孙子》的普及，但整体上不少作品都多少有一些兴趣的意味在里面，达不到徂徕、白石的水准。而正式对原著进行深入探讨的《孙子》研究，则在第三阶段才出现。

第三阶段　19世纪以降

如前文所述，17世纪后半叶以来，日本攘夷论的假想敌之一就是清政府。因此，对于乾隆皇帝御驾亲征，在1757年平定准噶尔叛乱之事，水户的藤田幽谷（1774—1826）明确地感受到了威胁。幽谷预测，清朝在实现往西的扩张后，接下来很有可能就会越海对日本用兵。（会泽正志斋《及门遗范》）

然而在进入19世纪之后，日本的假想敌开始转变为军舰相继在日本沿海出现的英、俄等国。很多学者提到过，天保八年（1837）发生的大盐平八郎起义（反叛），以及天保十一年（1840）开始的鸦片战争中清军不敌英国火炮这一消息让武士们真切意识到了现实的战争。天保十三年（1842）四月十九日，熊本藩的儒者木下犀潭（1805—1867，京都帝国大学第一任校长木下广次之父）正要从江户回国，到了多摩川的六乡渡口，看到一群从江户出发的幕府直参武士（直属将军家的家臣），在当时那种非常时期，他们为了测试自己的体力正朝着目的地镰仓快步前行，这使木下真切体会到了军事紧张。（木下犀潭《韡村遗稿》卷二）

而对《孙子》的解读也突然开始透出一种紧迫感。附有佐藤一斋（1772—1859）写于天保十三年夏的自序的《孙子副诠》，其《火攻篇》的按语写道：火炮是一种残酷的兵器，应尽量避免使用。然后言之如下：

然若对方有此武器〔火炮〕，而我们却没有，则等于是自取灭亡。这是极不明智的。故如今不得不弄清楚火术〔炮术〕。而边防、海警尤最为重要。（原文为中文）

就在一斋写下这些文字后不久，鸦片战争以清朝战败结束。伴随着可能发生战争的预感，人们对兵学的关注随之高涨，进而涌现出了大量的《孙子》版本。长时间以来都只有写本的新井白石《孙武兵法择》也在万延元年（1860）首次出版（本书186页，图30）。日本现存《孙子》的大多数版本都是幕末新刻的或是用旧版再次印刷的木活字版。还有书描绘了读者从家中木箱找出一两百年前的古老《孙子》，拂去上面的灰尘后孜孜不倦地阅读的画面。

另外，关于幕末的《孙子》有一个非常值得注意的现象，即清朝考据学的渗透。简而言之就是，从江户初期到18世纪末的《孙子》注释都受到了武举参考书的极大影响，日本人自己对《孙子》原著的研究非常少。但从天保年间（1830—1844）开始，之前没有过的高水准注释出现了。这是因为到了江户时代后半期，汉学的平均水准有了显著提高，他们通过经由长崎传入日本的中国新刊书籍了解到了清朝的考据学，而后开始吸收这种治学风气,从中几乎看不到攘夷论和作战准备这些时局的动荡不安。关于《孙子》,孙星衍刊行的平津馆本《魏武帝注孙子》和岱南阁本《孙子十家注》在天保四年(1833)由幕府的昌平坂学问所进行了复刻。由此,日本人就可以方便地读到可靠的文本,这一点的影响非常大。作为第三阶段的代表文献,下文将以樱田简斋的《古文孙子正文》、篠崎睽孤的《孙子发微》、伊藤凤山的《孙子详解》以及中村经年的《绘本孙子童观抄》、吉田松阴的《孙子评注》为例。

(一)樱田简斋的《古文孙子正文》

樱田简斋(1797—1876),字迪(景迪),幕末活跃于仙台藩的勤皇派人物。他根据家传的《孙子》古写本,于嘉永五年(1852)刊行了《古文孙子正文》和《古文孙子略解》。此书在幕末引起了巨大反响,大家据此认为只有日本保留了"三国〔曹操〕前的真本《孙子》",此版本通称樱田本或仙台本(可参阅新订第19—20页的解说)。但简斋参照的古写本并没有公开,且下落亦不明。

根据目前的研究,且不说与汉代竹简本等出土资料不一致,就是与唐代的资料相比,樱田本也要新得多,完全不是早于曹操的资料。若观察现中国台北故宫博物院所藏的《孙子》"日本室町末近世初"写本(无注本),就会发现,书中参考刘寅《武经七书直解》的观点对文本进行了相当程度的修改。若樱田本参照的古写本真的存在的话,很可能就是这种室町时代末期的版本,而且樱田简斋很有可能在出版时依据自己的观点对书中的内容做了改动。

由于樱田本会将《孙子》文本中难懂的地方改成好解释的文本，所以时常被人们拿来使用。比如伊藤凤山，他一面批判"樱田本的不同之处多半为杜撰，依浅学之人的意见〔主观判断〕而妄加改动的地方很多"，一面在他自己认为是正确的时候以樱田本为据对文本进行订正。就作为对樱田本的整体评价而言，武内义雄的态度是最妥当的，他认为"此书最早也不会早于足利末期"，所以在校订的时候没有拿来使用（《孙子之研究》）。

樱田本出现的背后是中国的期待——期待日本留有在中国已经失传的古籍——以及日本的被期待和对文化优越感的追求。在10世纪之后的中国有着这样一种幻想，秦始皇派徐市（徐福）等人求仙药的地方正是日本，他们携带的大量典籍应该都在日本留存了下来。而日本方面也主张自己国家的安定，想要得到中国的羡慕。本章开头提到的《三略口义》就体现了这种意识。尤其到了18世纪以后，山井昆仑的《七经孟子考文》（1731）、根本武夷校订的皇侃《论语集解义疏》（1750）、德川幕府的昌平坂学问所出版的《佚存丛书》（1799—1810）等传入中国，清朝的学者发现本已失传的古籍在日本被保存下来，都惊讶不已。因此日本会有古老的《孙子》也并不奇怪——昌平坂学问所的安积艮斋撰写的樱田本的序中鼓吹日本所保留的汉文化的纯正性，充斥着强烈的民族意识。

我国流传的《论语》有菅家本、清原家本、足利学校本，还有南朝梁皇侃的《论语义疏》本等，均在唐时传入，与朱子的《四书集注》多有不同。〔朱子生活的〕南宋甘于地方政权，只保有一半的中国都不到的江南，因此朱子可以看到的估计只有邢昺的《论语注疏》本。我国则一脉相承，亦无王朝的更替，想必有很多古籍在中国已经失传而在我国却都保留了下来。（原文为中文）

艮斋以《论语》的古老版本在日本的流传为例，认为樱田本才是早于曹操的真正的《孙子》，出现在了如今正是"东方君子之邦"的日本。也就是说，《古文孙子正文》是江户时代借用了考据学名义的日本民族主义的产物。若想了解19世纪日本对中国的想法，樱田本是一个需要解读的对象。

（二）篠崎睽孤的《孙子发微》

篠崎睽孤（1780—1848），名司直，字和卿，别号固穷，下总国山边郡（现千叶县山武郡大纲白里町）人。跟随太田锦城学习汉学，还获得了长沼流兵法的心得。睽孤积极研究兵书，花费十余年时间完成了《孙子发微》《吴子发微》的原稿（《孙吴发微》），然由于财力不足无法自行出版。在韮山代官江川太郎左卫门英龙的援助下，于弘化三年（1846）开始了木活字版《孙吴发微》的印刷，并在万延元年（见图17）完成。然而完成时睽孤已经在江户去世了。（《山武郡乡土志》，1916年）

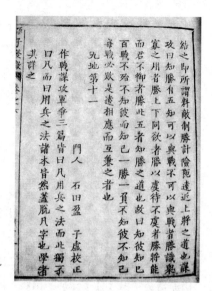

图17 取自篠崎睟孤《孙子发微·九地篇》。万延元年木活字版

《孙子发微》的自序也写于鸦片战争结束前不久,天保十三年四月二十五日。序中写道:

> 今北狄鄂罗斯日以强大,年以兼并,而暨其与国属贼吐舌垂涎来窥我。大日本,圣天子在上,而朝廷政事宽仁清明,海内草靡鳞服。虽万万无忧,四方之民能读兵书,通晓其术,不亦备不虞之一事乎。而孙子之书,古今之注释,皆梦梦不明。是故予之注孙子者,草莽之微忠欲以报国恩之万一焉耳。

由此可知,此书的写作心态中有对当时俄罗斯南下等现实持有的危机感。本书注释的方针是以《孙子》文本的内在脉络以及汉代以前的文献用例为依据，在作者认为是正确合理的情况下，会对文本进行大胆的修改，比如，把《用间篇》和《火攻篇》位置互调。尽管《孙子发微》是幕末《孙子》考据学的代表作之一，但由于存在过度否定前人注释等过激之处，所以似乎并没有产生广泛的影响。

（三）伊藤凤山的《孙子详解》

伊藤凤山（1806—1870），名馨，字子德，出羽酒田人。数次在三河田原藩为官，是与渡边华山相熟的尊王开国论者。凤山在学问上非常优秀，但多次因酒失态，给周围的人带来了不少麻烦。安政二年（1855），凤山第二次在田原藩当官，当时是以"田原藩会帮助《孙子详解》出版，但凤山须努力禁酒三年"为条件的，至此凤山似已写成原稿。（《田原町史（中）》，田原町教育委员会，1975年）然而，田原藩终因财政困乏而没能履行刊行《孙子详解》的约定，于是凤山只能靠自己到处寻求帮助来出版此书。文久元年（1861）御堂源堤所书之序中写道："今洋夷猖獗，祸不可测。虽既通互市，其贪婪无厌，恐叵竟保无事。"盛冈藩士土泽钦在跋中写道："近者蛮舶日日入港，夷馆棋布于四滨，则我皇国不无设。"由此可知《孙子详解》的刊行是在嘉永六年（1853）的黑船来航、次年的《神奈川条约》以及安政五年（1858）《日美友好通商条约》签订等事情发生之后。

但是与序和跋表现出的紧张感不同，凤山的注释本身以平津馆本《魏武帝注孙子》为底本，通过详细对比讲述春秋历史的《左传》及《国语》中的战争实例来对《孙子》进行解读,从其平稳的叙述中完全感受不到当时社会的动荡混乱。比如,在论证《作战篇》"内虚于家"的"内"为"用"之意时,凤山引用了《荀子》和《黄帝内经·素问》的用例,其研究非常踏实,是幕末的《孙子》注释中水平最高的(见图18)。

(四)中村经年的《绘本孙子童观抄》

现代日本出版的《孙子》解读非常多,但多半是讲它在经营、竞技等方面的应用。从幕末开始,本来面向军事的《孙子》开始成为此类"读物"。代表例证就是中村经年(1797—1862)——

图18 取自伊藤凤山《孙子详解·火攻篇》。文久二年(1862)刊。明治、大正时代的政治家河野广中的旧藏

一位笔名为松亭金水的读本作家在庆应元年（1865）完成的《绘本孙子童观抄》。此书书名模仿了林罗山的《童观抄》，整本原文都标有片假名，注释的部分则全部使用平假名，主要构成内容是从《太平记》、战国军记中引用的大量历史故事，《孙子》的存在感反而很低。幕末时期，不仅武士会阅读兵书，普通人也开始对《孙子》产生兴趣，于是这本彻头彻尾的通俗读物便乘势出现了。书中插图的题材也多是日本的东西，与中国无关，甚至在《虚实篇》的"避实而击虚"部分还讲了"浅田妖怪的故事"（卷六）这一鬼怪故事（见图19）。虽然就《孙子》的注释历史而言，这本读物并不足议论，但书中有一些改动似乎还特意参考了当时新出的樱田本，对于观察19世纪的日本与《孙子》来讲非常有意思。

图19 取自中村经年《绘本孙子童观抄·虚实篇》。以"浅田妖怪的故事"为题材的插画。从它讲与《孙子》毫无关系的妖怪故事这一点就可以看出这本书的性质。京都大学附属图书馆藏

（五）吉田松阴的《孙子评注》

对于上述幕末《孙子》校订本及注释的流行，笔者颇有感慨。仙台的《古文孙子正文》、下总的《孙子发微》、酒田的《孙子详解》虽各有特色，但作者的出身均为东北、关东地区。而在幕末的西部日本，却没有一个人做出和篠崎睽孤或伊藤凤山水平相当的《孙子》注释。不仅如此，西部日本和中部日本的优秀学者中没有一位主张《孙子》能对与西方作战有直接帮助。

津藩的汉学家土井聱牙（1817—1880）曾有过"孙武十三篇中未曾有一言及医"的言论，意思是《孙子》中没有一句话提到对在战争中受伤生病的人的治疗（《〈外科简方〉序》）。聱牙想表达的是，中国的古代兵法缺乏能与西洋科学技术抗衡的知识体系。要治疗枪伤或火药爆炸导致的烧伤等必须得懂西洋的外科医疗技术，而射击亦需要通过西洋测量技术来计算射程。嘉永六年，佩里的黑船来到日本时，津藩印刷了三角函数及西洋测量技术的教科书，还派藩士前往长崎学习荷兰语。九州则更加先进，以丰后日出（现大分县日出町）的帆足万里（1778—1852）一行同门为代表的汉学家已经开始将视线投向西洋的物理学和工学。在熊本，木下犀潭的弟子还阅读在同时代的中国出现的外交著作，并表现出对海外法学的兴趣。因森鸥外的"安井夫人"而为大家所知的安井息轩（1799—1876），出生于饫肥藩清武（现宫崎县清武町），曾是任职于幕府官办的昌平坂学问所的纯粹的朱子学家，后来为了可以通过原著学习西洋知识，购买了荷兰语的语法书（《韡村遗稿》卷二《原田直清墓表》的按语）。根据有

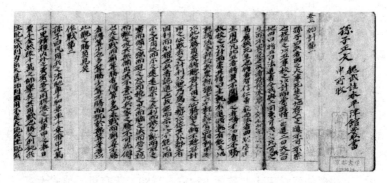

图20 吉田松阴亲书《孙子正文》。淡路岛之人,贺集寅次郎(1842—1906)的旧藏。京都大学附属图书馆藏

无吸收外国新知识的风气及途径,幕末时期各地汉学家所选择的道路必然地出现了差异。

在东西日本的这种差异中,比较有特色的西日本的注释是吉田松阴的《孙子评注》(1858)。松阴是长州藩士,是幕末有代表性的思想家之一。他非常喜欢《孙子》,其亲书的写本就有好几部(见图20)。但他讲日本战略的《幽囚录》(1854)和讲"武士道"的《武教讲录》(1856)等书与这本《孙子评注》的写作方法不同。虽然本书末尾部分有对锁国的批判和关于日本今后出路的见解,但内容并不多。书中大部分是对《孙子》的修辞和结构的评价。例如关于《作战篇》的:

<u>久则钝兵挫锐,攻城则力屈,久暴师则国用不足。夫钝兵挫锐,屈力殚货</u>,则诸侯乘其弊而起。虽有智者,不能善其后矣。

故兵闻拙速,未睹巧之久也。夫兵久而国利者,未之有也。

(细线、粗线为笔者所加)

松阴是这样记述的:

三句合为一句。改动数字,以则字接下文,层层转折,一个"矣",两个"也",极尽顿挫,振聋发聩,以不使兵久战为戒。然此仅为寻常兵略,非为至论。且看下段分解。

《吉田松阴全集·第六卷》(普及版),岩波书店,1939年,第325页

这一段的意思如下:"久则钝兵挫锐,攻城则力屈,久暴师则国用不足"这三句可合为"夫钝兵挫锐,屈力殚货"一句。如将"国用不足"换成"殚货"这样一种表达,用"则"连接后文,而后层层表述新事态。在表达时用了一次语末助词"矣"和两次"也",使句子得到了很好的转折且有节奏感,使"不可久战"这一劝诫给读者留下深刻印象。但这只不过是《孙子》基于普通战略的见解,不能算是高论。关于这一点待后文再叙。

这种写法模仿了中国明清时代民间作文的方法或者为评点小说的方式,其对修辞的分析并没有错。松下村塾的《孙子讲义》并没有不管原典而随意讨论,连助词"矣"的有无都没有含糊对待。因此《孙子评注》也是一部文体论的著作,我们还能通过它来了解松阴作为读者、作者、语学老师的面貌,而当时听讲的几

个弟子也都具备理解松阴解说的能力。

松阴会这样去阅读,是因为他感受到了《孙子》的深奥。他认为如果不一字一句精读的话,就无法正确把握文意。虽然松阴是长州藩山鹿流兵学导师家的继承人,但他并不相信两百年前山鹿素行的兵法或筑城法能够对付西方列强的炮火。松阴主张在军校教授枪炮的使用方法和外语,读欧美的原著,让优秀人才去海外进行长期留学(《幽囚录》)。但松阴却从比素行古老许多的《孙子》中发现了一种千年不变、超越时代的普遍性。

在《幽囚录》中,松阴从《孙子》的"知己知彼"展开话题,讨论了解西方形势的必要性。《孙子评注》中亦多处提到《孙子》的可用之处,而且是在把围绕日本的国际形势也考虑进去的情况下。吉田松阴是日本最早将《孙子》定位为世界性的战略思想著作的人,打破仅限于中国和日本的空间范围。松阴的这一定位奠定了 20 世纪的日本在使用《孙子》时的一种基调。

第四章 | 在帝国与"冷战"之下

中日甲午战争、日俄战争与《孙子》的经典化

幕末元治元年(1864)福泽谕吉在东海道旅行,经过其父亲的朋友中村栗园在近江水口的家,但他并没有进去,后来他回忆这件事时说,"水口的中村先生近来专门讲解孙子,据说玄关处装饰有铠甲等物,想必是一位出色的攘夷论者"。(《新订　福翁自传》,第220页)在学习西洋之人眼中,幕末的《孙子》成了守旧的攘夷论者的标志。维新后提倡文明开化,《孙子》便成了无人问津的存在。

不止《孙子》,在明治初期至明治二十二年(1889)前后的日本,非西洋的事物几乎从历史舞台上消失了。就像京都东洋学的创始人之一狩野直喜在明治四十四年(1911)夏的讲演"支那近世的国粹主义"中回忆的那样,"如今谁都把国家、国体、武士道这些挂在嘴边,过去的言论可与此大不相同"。

然而在此期间,明治十四年(1881)的政变发生之后,出于压制自由民权运动的目的,汉学色彩的道德教育曾在数年间很受

重视。福泽谕吉强烈反对这种复古追求，但他又在同时期的论文中强调"日本的士人是忠诚宗的信徒"，"我等日本士人一直恪守儒教，使自我固有的精神得以自由"，试图振兴作为"日本士人之道德"的武士道观念（《德教之说》1883年11月）。也就是说，虽然表面上赞成和反对复古的两派论战激烈，但在根本上，汉学复兴派和洋学派都有回归传统的举动。在此复古风潮下，明治十六年（1883）出版了保冈岭南（1803—1868）的《孙子读本》，明治十七年（1884）出版了附有陆军中将山县有朋作序的平山兵原（1759—1828）的《孙子折衷》。

但这复兴是一时的，影响并不大。明治二十七年（1894）二月十八日，汉学家城井寿章为西村丰的《孙子讲义》所作的序中有如下内容："今军制大变，孙、吴之书皆束之高阁，似今时不用之古历书。近有仿西人而读诸子者，故孙、吴得以稍流通于世。"城井认为，日本的军队改为洋式之后，《孙子》《吴子》等兵书也就被置之高阁，几乎无人阅读，受到了旧日历般的待遇。后来日本人看到西洋人研究中国的诸子百家而受到刺激，古兵书进而开始得到些关注。如果第一次的《孙子》复兴稳固下来了的话，城井应该是不会这么说的。

此序写成七个月后的九月十七日，在黄海海战中日本舰队打败了清朝海军舰队。明治二十八年（1895）四月，甲午战争以日本的胜利结束。两年后，福泽在文章中断言这一战争是文明进步的胜利，是日本"西洋书生"努力的结果，但也有下面这样的担忧：

或是被多数的顽固派所压制，在当今世界行周公、孔子之政，谈孙子、吴子之兵法等极度愚蠢的行为，不仅仅是文明的退步，同时还使得国家的独立也岌岌可危。

《西洋书生不可大意》1897年7月18日

福泽为何要警惕儒教和古兵法的复兴呢？其实，甲午战争的胜利开始给日本国内一边倒的欧化风潮带来变化。日军能在黄海海战中面对拥有强大装甲舰队的清朝海军而收获意外胜利的原因是什么？不仅仅是日军的士气强盛，还因为日本具有独特的军事传统。因此海军省为了彰显古老传统，依据海军大臣西乡从道的指示从全国各地搜集水军兵法的写本，并命出生于旧唐津藩主家的海军将校小笠原长生等人进行研究（引自大森金五郎《关于中世的军法书及水军的书》中小笠原长生的证言，日本历史地理学会编《日本兵制史》，日本学术普及会，1926年）。这些水军文献受到江户时代兵法很大的影响，文中常引用《孙子》。

于是《孙子》的第二次复兴出现了。明治三十一年（1898），羽山尚德《军人立志篇》的卷首展示了伊东祐亨海军中将、川村景明陆军中将、小笠原长生海军大尉的题字，书中有中日甲午战争时期日本天皇的敕语，日本国家体制的说明，各国的著名武将、军人的逸闻等，整体上国家主义色彩较浓。书中的"孙子"条目下不仅有《孙武略传》，还收录了《始计篇》《军形篇》《虚实篇》的全文。另外，明治三十三年（1900）平山岩五郎（黄岩）所著的《和魂之友》，前篇是陆军各兵种的操典、军人敕论、教育敕语、楠公遗训等的抄录，后篇由《三略》《孙子》《吴子》《司马法》《六韬》及阵图构成，目标是"以供吾国国民尚武精神发展之需"。就将《孙子》与日本的大和魂相结合这一点而言，此书非常值得注意。《和魂之友》一直在出版，并在明治三十六年和四十一年进行了两次大的修订。

开始于明治三十七年（1904）的日俄战争的胜利，加速了日本回归传统的趋势。在第二年五月的对马海战（日本海海战）中，俄国波罗的海舰队被击败，战争的结果几乎已成定局，作为文明评论家积极展开论战的姊崎正治认为，日本胜利的原因"不仅成了外国人的疑问，同时也成了日本人自己的，近来多把原因归结于武士道，对武士道的回忆和提倡日渐兴起"（《战胜与国民自觉与日本文明的将来》，《太阳》十一卷七号，1905）。两年后的明治四十年（1907），第一生命保险的创业者矢野恒太自己作注并出版了《袖珍论语》，他在序中强调，"我们之所以能取得胜利，绝不是因为我们比物质文明发达的敌国优秀，而是基于仅残存于军队的武士道，这是一个不争的事实"，甚至说"《论语》乃武士道之母"。直接发源于吉田松阴《武教讲录》等书的"武士道"还吸收了对日本传统形成产生过影响的外来思想要素，扩展成了日本式东洋思想体系，重新建构了一种与西洋思想相对抗的体系。

战争的胜利及"武士道"的重建，进一步加强了日本固有的军事传统以及对中国兵书的关注。原就积累了水军研究成果的小笠原长生在明治三十九年（1906）六月的讲演"中古水军的战法"中断言，"日本海的胜利几乎无关西洋战术，是以日本自古以来的水军（传统）获胜的"，强调大和魂相较于西洋的优越性，还提到了野岛（能岛）流水军对《孙子》的重视（《史学杂志》十七编七号，1906年。转载于《水交社记事》三卷三号）。就从小笠原的几部著作来看，像这样无所顾忌地称赞传统兵法的风潮开始于日本海海战之后。第二年，海军将校的联谊会水交社将伊藤凤山的《孙子详解》改为训读进行刊行。明治四十一年（1908），来自旧长州藩，曾跟着吉田松阴的叔父玉木文之进学习的乃木希典陆军大将，私费翻印了吉田松阴亲笔写作的《孙子评注》并加上了松阴的曾孙库三所作的跋。

这些与军事有关的人士选择日本人所作的《孙子》注释刊行，是因为他们觉得比起中国人写作的原著，融入日本独特见解的刊本更为理想。另外，明治四十二年（1909），和伊藤凤山一样来自山形县酒田的佐藤铁太郎海军大佐在其所著的《帝国国防史编》中写道，"关于用兵之义，《武经七书》中有许多议论坦荡光明，应当遵循"，积极肯定了中国兵书。明治四十五年（1912）山鹿素行《孙子谚义》的出版是这一连串动向的顶峰，其卷首为朱印"天览"和东乡平八郎、乃木希典的题字。

日本陆海军相关人士为《孙子》进行注释的举动此后也在继续，大正六年（1917）五月被认为"对如今西洋思想大行其道，而东洋文物被置之不理的时代"有益而刊行的落合丰三郎陆军中将的《孙子例解》（日本国立国会图书馆藏），佐藤铁太郎海军中将的《意译孙子（讲究录附录）》（1919年，防卫省防卫研究所图书馆藏），同《孙子御进讲录》（1933年，同馆藏），陆军士官学校教授尾川敬二的《战纲典令原则对照 孙子论讲》（1934），如此一路承续。明治末期以来的这些注释充斥着一种自我满足，即现在的中国人没有充分理解和应用《孙子》的能力，西洋人就更不可能了，所以只读日本人写的《孙子》解释就够了。

《孙子》在幕末武士社会的流行不断催生出像中村经年的《绘本孙子童观抄》这样的作品。从明治末期到大正时期的一个显著现象是，《孙子》在民间普及，人们开始讲它在期货交易和股票行情等方面的应用。比如，早坂丰藏《股票期米行情经济学》中的《行情与兵法》（1909），山田风云子等《成功秘诀 行情明星》中的《商战中兵法的运用》（1909），早坂丰藏《最新股票研究》的《股票应用孙子译注》（1911），斋藤整轩《期米行情k线学》（1912）的附录"米商应用 益子"（可能是因为"孙子"音同"损子"，所以把字替换成了"益"）等。20世纪初期"孙子"转用于民生，是中国兵书日本化的一个代表性现象。"武士道"的重建风靡一时，在日俄战争动员了超过一百万兵力的那个时代，战争和军队成了对一般人而言也很近的存在。

有的书甚至把"孙子"作为一个表示必胜法或秘传的普通名词在用。大正二年（1913）原田祐三的《商业孙子》（日本国立国会图书馆藏）对部分日本商人违反商业道德表示担忧，"忠孝无比的日本人到了世界商业的舞台就突然开始变得不德不义"。《商业孙子》是一本讲确保"商士道"而非武士道的书，结构和内容上与《孙子》几乎没有任何相似之处。大正八年（1919）白圭渔史

（增岛信吉）所著的《选举孙子》（日本国立国会图书馆藏）由《始计》《出马》《挑战》《争夺》《用间》《军费》《决胜》七篇构成，为竞选者具体解说地盘侵略、各户访问、收买费及当日如何扳倒对手等内容，只有极少地方用到了《孙子》的文本。

在此氛围下，《孙子》的过度经典化开始了。昭和五年（1930）四月，为纪念对马海战胜利二十五周年，实业之日本社刊行了小笠原长生的《击灭 日本海海战秘史》，发售仅一个月就加印了二十四次，此后亦增印不断。书中可见"〔东乡平八郎〕大将爱读孙子——对俄战争时也始终携带"，"〔日本海海战的作战策略〕源自大将多年的钻研……能体会到以兵圣《孙子》为首的兵法七书及本国传统水军的精神"，"兵圣《孙子》"（着重点为笔者所加）等语使得《孙子》必胜法宝的形象进一步稳固。不可思议的是，1910年以前的各种东乡传记都没有提及《孙子》，大正十年（1921）春阳堂刊行的小笠原著《东乡元帅详传》中也几乎没有出现《孙子》。

昭和十年（1935）十月完成的岩波文库版《孙子》战前版"绪言"这样称赞《孙子》：

> 孙子之书自古以来就是帝王的秘籍，也是将相〔将军、大臣〕的秘籍，是所有斗士、猛士的秘籍，此已无需赘言。凡治国的要点，胜败的机密，人事的成败，皆在此书中。

《孙子》并非没有价值，但是否有必要将其抬高成一本万能之书呢?

此中大放异彩的是寺冈谨平海军大佐（后为中将）对刘寅《武经七书直解》的全文翻译。此为寺冈受中华民国国民政府海军部邀请在南京给海军将校讲授战略、战术的副产品，与"当今〔日本〕的所谓《孙子》研究者以今之思想独断地批评〔古人的注释〕，或是得意扬扬地引证第一次世界大战"不同，书中没有作者自己的任何言论，是忠于原典的训读翻译。序中说"我在研究本书时从始至终承蒙周箴吾和尤笃士两位先生帮助，他们帮我查找和分析典故、成语等难解的字句。在此，对两位的指教表示深深的谢意"。此序写于"昭和十二年（民国二十六年）七月卢沟桥战事告急之日，于金陵客庐"，也就是 1937 年 7 月 7 日后不久。由于南京市民抗日意识的高涨，寺冈的课讲到 7 月 10 日，次月的 12 日他踏上了回日的旅途（寺冈谨平述《南京撤退的始末》日本外交协会，1937 年 9 月，一桥大学附属图书馆藏）。日军完全包围南京并开始发动总攻是在四个月之后的 12 月 10 日。曾帮助寺冈研究的周箴吾、尤笃士两位先生下落不明。

另外，北海道大学附属图书馆藏的寺冈译《武经七书直解》有佐藤铁太郎的题词（昭和十三年执笔），环衬页写着"寺田〔祐次海军〕少将阁下　昭和十七年〔1942〕六月于南京　寺冈谨平敬赠"，"昭和廿八年〔1953〕，前辈寺田祐次先生惠赠，于九里浜干部学校。浦部圣〔当时为保安队干部学校教育部长，原海军参谋〕"，可见佐藤铁太郎以来的旧海军对《孙子》的爱好被延续到了保安队、自卫队的教育研究中。

对近代中国海陆军的影响

日军在明治末期到大正初期对《孙子》的喜爱甚至影响到了中国。

19世纪,在鸦片战争、中法战争等战事中接连败给近代西洋军事力量的清朝抛弃了已落后于时代的传统兵法,开始引进科学技术。和明治初中期的日本一样,《孙子》被认为是守旧的象征。小说家曾朴(1872—1935)在描绘清末三十年的长篇小说《孽海花》中讽刺性地描写了一位在甲午战争中通过认真阅读《孙子》来制定对日作战计划的将军(第二十五回)。

20世纪最初的十年,中国部分开明派人士以明治时期日本的制度和学术为模范,主张让尚武精神和征兵制在中国扎根,甚至有人认为军国主义才是中国应该追求的理想。最后还出现了像这样的主张:在中国人的体格和体力都优秀并注重军事的时代——比如,战国时代到汉代——才会出现强大有力的文学(章炳麟《文学略说》)。

为了实现西洋化,中国军队很快就开始向先一步实现西洋化的日本学习。在这种意识的驱动下,清政府的陆军定下了派遣部分留学生到日本陆军学习的方针。从明治三十六年(1903)起,由中国陆军派遣的大量留学生来到日本,他们先是到东京的振武学校(日本政府面向清朝陆军留学生开设的预备教育机关)学习,后到日本各地的连队就职,最后是陆军士官学校。被派遣的留学生在当时的日本看到了"武士道"重建和《孙子》的流行。

对于自己祖国创作的《孙子》在当时的日本得到肯定,他们相当迅速地做出了反应。清光绪三十一年八月十五日,即1905年9月13日,清政府的北洋陆军学堂刊行的《赵注孙子十三篇》(明朝赵本学所著《孙子书校解引类》的简称)中,冯国璋序有如下内容:

明人赵虚舟《孙子注》四卷,诠以精义,证以史事,抉扃发键,诚善本也。顾中国鲜传本传之者,日本其国人甚重此书。吾因思夫日本自耀兵以来,战必胜,攻必取,转轹五洲,几于无辈者,其是书之力。

9月13日是日俄之间签订《朴次茅斯和约》(9月5日)八日之后,此序是在这一战争结局的基础上写成的。虽然《赵注孙子》并不至于真的能对日本产生如此重大的影响,但是这种说法为什么会出现呢?关键在于对中国没有而日本独有的《孙子》解读的期待。然日本式的《孙子》解读,山鹿素行的《孙子谚义》和吉田松阴的《孙子评注》在当时尚未广泛流传,而且对中国人来说非常不好读。受到关注的自然就成了像《赵注孙子》这种在中国被遗忘但在幕末的日本流传的图书。《赵注孙子》在中华民国成立之后也不断再版,并于1935年在中华民国海军部部长陈绍宽的指示下刊行(见图21)。

对《孙子》的再评价由留日陆军学生起头,受其影响的代表

图21 中华民国海军部刊《赵注孙子》。1935年11月海军部部长陈绍宽赠与日本寺冈谨平海军上校之物。寺冈于1935年11月至1937年夏担任中华民国海军部顾问，在南京教授中国海军将校战略战术。海军大学校旧藏

人物是蒋介石。1905年，时年18岁的蒋介石在浙江宁波的一所学校跟随老师学习了《孙子》，之后便立志要成为军人。蒋介石于1908年作为一名陆军派遣留学生进入振武学校，后来去了新潟县高田第13师团野炮兵第19连队就职，直到1911年辛亥革命爆发都一直在接受日本陆军的教育。爱读《孙子》的蒋介石在成为1924年创设的中国国民党陆军军官学校（即黄埔军校）的首任校长后也一直非常尊重中国传统兵法，这与20世纪初日本流行《孙子》是有关联的。

20世纪前半叶中国的《孙子》复兴并不及日本。根据英国军事评论家利德尔·哈特（1985—1970）的回忆，他在第二次世界大战期间遇到的国民党陆军军官说过这样的话："《孙子》作为古典受到尊重。然而大多数的青年将校则将其视为落后于时代的事物，在兵器机械化的时代几乎没有任何研究的价值。"至于

像在日本出现的转用到民生的现象,直到20世纪80年代才在中国出现。

大英帝国的《孙子》(一)——卡尔斯罗普的翻译

明治三十八年(1905)是对西洋世界的《孙子》研究而言至关重要的一年。这一年七月,第一部英译《孙子》(*Sonshi*)在东京的三省堂出版,译者为英国陆军野战炮兵队的卡尔斯罗普(E. F. Calthrop, 1876?—1915)。为了学习日语和研究日本军队,他在1904—1908年被派遣至东京,回国后就职于培养幕僚的学校及陆军远东部,1915年战死在第一次世界大战的西部战线。从他的经历就可以看出,他是一个不折不扣的军人。来日才一年而且日语的阅读能力应该也还较差的卡尔斯罗普为何会着手《孙子》的英文翻译呢?下文参考T. H. E. Travers 和 A. H. Ion 的论文对此作简要说明(T. H. E. Travers, "Technology, Tactics, and Morale: Jean de Bloch, the Boer War, and British Military Theory, 1900-1914"; A. H. Ion, "Something New under the Sun: E. F. Calthrop and the Art of War")。

让我们暂时将话题从《孙子》转到南非。19世纪末,英国与南非的德兰士瓦共和国、奥兰治自由邦的布尔人对立,于1880—1881年和1899—1902年两次激烈交战,即所谓的南非战争(布尔战争)。交战中,英国正规军多次惨败给以民兵为主的布尔军，因此深受打击。

若要重建强大的英国军队，则需要改革，那么对于改革而言，重要的是来自外部的严格规定和训练，还是每一位士兵内在的爱国之心和不惜生命的觉悟？正值这一争论达到高潮的时候，英军的观战军官传达了日俄战争的具体战况。正在摸索军队改革之路的英国军人中甚至有人期待在日本找到解决眼前这些问题的线索。参加了第二次南非战争，看过英军陷入苦战模样的卡尔斯罗普就是其中之一。他对孙武使宫女们变得有序进而巧妙统率这一逸闻，以及《孙子》将战争与经济结合讨论等有着浓厚的兴趣，所以翻译了《孙子》。

但由于卡尔斯罗普不懂汉语，因此他只能借助日本人的帮助依据训读来翻译。书名"Sonshi"依据的是日文"そんし"的念法，而不是中文的发音。东京高等师范附属学校的委托职员金泽久（1866—1925）在卡尔斯罗普翻译时给予了帮助。他后来成为三省堂《袖珍简明英日辞典》的主要编纂人员，他并不是一位汉学方面的专家，主要研究的是英文。再加上卡尔斯罗普当时来日本才一年，就算能明白金泽的话，但要完全理解《孙子》的原文还是比较困难的。因此卡尔斯罗普的翻译不仅有许多不恰当的地方，而且有时候还会出现和兵法没有任何关系的奇怪注释，比如，书中会突然开始对日本的"对门三家左右邻"或搬家食荞麦的风俗进行说明。想来是他把自己与金泽闲聊时获得的知识也写进去了。卡尔斯罗普也意识到自己的翻译存在很多问题，1908年在伦敦出版了自称参照了中文的全面修订版。但不管是初版还是修订版，后世的评价都不高，现在大家在研究中也都不会参考这两本。但在探讨20世纪的英国是如何发现《孙子》的这个问题时，仓促完成的卡尔斯罗普的译本则有着重大的意义。

大英帝国的《孙子》（二）——翟林奈的翻译

图22　见于《孙子》的太阳（日本）及武士的象征。2007年美国BN Publishing刊行的翟林奈翻译的删节本。这个封面设计展示了日俄战争以来，在欧美地区《孙子》与日本被关联到一起的痕迹。虽然翟氏的翻译是在明确主张《孙子》乃中国之书的基础上写作的，但在21世纪却被设计成了图中这个模样

对卡尔斯罗普的翻译进行了激烈批评的是同时代的英国著名汉学家翟林奈（Lionel Giles, 1875—1958）。他是外交官兼汉学家翟理斯（Herbert Allen Giles）之子，其弟是曾活跃于中国的外交官翟兰思（Lancelot Giles）。

翟林奈的翻译以孙星衍校订的《孙子十家注》为底本，1910年公开发行，翻译的确依照了《孙子》的原典，是西洋最早的可以经得起学术性探讨的《孙子》译文（见图22）。翟林奈在书中非常细致地讨论了卡尔斯罗普的翻译错误，甚至到了让后来的学

者稍觉不解的程度。翟林奈肯定也知道卡尔斯罗普并不具备完美解读《孙子》的能力,为何还要如此执拗地对其进行批评呢?

首先需要注意的是翟译的卷首献词:

献给吾弟翟兰思——望两千四百年前的语言中仍有对今日的军人而言值得参考的教训

其次,翟林奈的注释中不时会提到英国军队在第二次英阿战争(1878—1881)和布尔战争中的作战行动,美国南北战争时期南军名将托马斯·乔纳森·杰克逊(Thomas Jonathan Jackson)的战术,以及近代欧洲的军事理论著作。

卡尔斯罗普的翻译有一个动机,那就是将《孙子》的理论以及日军在日俄战争中获胜这一成功的例子用于英国陆军的改革。而翟林奈想要强调的则是《孙子》并不是日本人的著作,西洋的军事传统与《孙子》亦多有偶合之处。或许翟林奈是对卡尔斯罗普(或其背后的人物)试图参考日本成功的例子来讨论英国陆军的改革这一行为持有异议。我们还可以注意到,在《谋攻篇》的"将不胜其忿,而蚁附之,杀士三分之一,而城不拔者,此攻之灾也"处,翟林奈还特地加上了"令我们想起日本人在旅顺——近来的应载入史册的攻城战——承受的惨重损失"这种对理解《孙子》原文而言并无必要的注释,用来暗示日本也并非善战。翟林奈翻译的目的,一是缓和布尔战争及日俄战争的结果带给英国陆军的冲击,恢复他们对西洋军事传统的自信;二是揭示卡尔斯罗普翻译用以作为后盾的日本学术水平的低下，展示英国在中国研究方面的压倒性优势。翟林奈译本依托荷兰莱顿著名的博睿出版社出版，使用了大量汉字的活字，并以优质的纸张印刷，正可以代表大英帝国投向东亚的视线。

同在 1910 年，《孙子》《吴子》的第一部完整的德文译本——布鲁诺·纳瓦拉（Bruno Navarra）的 *Das Buch vom Kriege: der Militär-Klassiker der Chinesen* 也在柏林出版。纳瓦拉曾任上海的德文报刊《德文新报》(*Der Ostasiatische Lloyd*) 的主编。译者序中写道，日本武士对《孙子》的重视要远超过中国，由此可以推测此德文译本也和卡尔斯罗普的译本一样是日俄战争刺激下的产物。

翟林奈和纳瓦拉的译本刊行后没多久，第一次世界大战就于 1914 年爆发了。《孙子》在第一次世界大战中并没有产生任何影响，这或许是因为第一次世界大战基本上是在西方世界范围内进行，以西洋近代军事理论为支撑，只要努力开发科学技术便足够了。

游击战理论与格里菲斯

西方世界真正发现《孙子》的价值是在翟林奈的译本刊行已过去三十五年，即第二次世界大战结束后。关于这一点，巴兹尔·亨利·利德尔-哈特（B. H. Liddell-Hart）说得非常明确。

〔重新完整翻译《孙子》的〕这一需要随着核武器——存在导致自我灭亡或大量杀戮的可能——的开发而变得迫切。另外，鉴于中国在毛泽东的领导下恢复了庞大兵力，这件事就变得更为重要了。

格里菲斯译《孙子兵法》序

在上文，哈特指出了两点。第一，在第二次世界大战中，所有的战场都蒙受了惨重的灾难，自20世纪60年代起美国和苏联持有的大量核武器，将胜败双方都可能亡于战争这一现实摆到了人们眼前。"是故百战百胜，非善之善者也。不战而屈人之兵，善之善者也"成了现实。

第二是毛泽东（1893—1976）领导下的中国共产党和中国人民解放军所带来的威胁。解放军打败了国民党军队，1949年10月中华人民共和国成立。而此时，大多数的美军将领对于中国人民解放军是怎样一种存在，以及他们为何可以击败国民党军队则完全没有什么了解，也并不关心。对于中国军队，西方还抱持着19世纪以来形成的那种固有观念，即中国军队缺乏斗志，指挥官则腐败无能。在这种状态下，美军在始于1950年的朝鲜战争中与中国人民志愿军交战，遭受了重大损失，美国军队动摇不定（Samuel B. Griffith, *The Chinese People's Liberation Army*, p.204）。于是，毛泽东和人民解放军便成了他们不得不关注的存在。

此时登场的是美国海军陆战队的塞缪尔·B.格里菲斯少将（准将，1906—1983），其后来成为20世纪后半叶《孙子》研究最值得关注的人物。格里菲斯自20世纪40年代担任汉语翻译武官以来就一直在关注毛泽东率领的军队面向日本军队展开的巧妙作战，他还在1940年用英文翻译了毛泽东的《游击战》（原文于1937年出版）。写于同一年的译者序中有如下一段：

　　古代的军事思想家孙子对毛泽东的军事理论产生有影响这一点，只要是读过《孙子兵法》的人都能轻易发现。<u>孙子说，速度、出其不意和诈敌才是进攻的基本</u>。声东击西，自孙子在两千四百年前写下这些字起，一直到现在都还是有效的方法。孙子的绝大部分战术也是现在的中国游击战所使用的战术。……我国的海军陆战队只经历过相对单纯且非常有限的游击战。因此，我们应当多关注毛泽东所写的关于这种新型游击战的内容。（画线处为笔者所加）

　　将出自《淮南子》的"声东击西"都误当作是《孙子》的文字或许是有些过了，但格里菲斯的观察是正确的。毛泽东在1936年"下决心写一部系统总结十年内战时期在军事斗争上的经验教训的著作"时，阅读了当时可以读到的各国军事书，但"多是战术技术的"。他列出了选买军事书的标准，还特地要求买一部《孙子兵法》。可见，1936年时，毛泽东"手头还没有《孙子兵法》"。是年12月，毛泽东最终完成了《中国革命战争的战略问题》（熊华源《毛泽东究竟何时读的〈孙子兵法〉》，《党的文献》2006年第3期）。在1940年几乎没有其他外国人看出毛泽东与《孙子》的关联。还需要注意到的一点是，格里菲斯表示毛泽东这种将数量庞大的当地人民组织起来的无限制游击战在战争史上并无前例，还预想到了这样的军队和战术对于美国海军陆战队而言也将会非常棘手。

第二次世界大战期间，格里菲斯还曾在瓜达尔卡纳尔岛的激战区短暂指挥过海军陆战队第1师第1陆战团等，积累了以日军为对手的作战经验。1956年退役后，格里菲斯进入牛津大学，开始研究中国战争史，并于1960年完成了博士论文，而后又将博士论文的内容改订后出版，书名为 *Sun Tzu: The Art of War*（1963）。退役后的格里菲斯曾作为美国外交关系协会的研究员进行中国军事动向的研究，若联系这一点就可以很容易想到，这版英译本实质上包含了对毛泽东的游击战理论和中国人民解放军的研究。事实上，在此书关于《孙子兵法》的解说中，格里菲斯专门用了一个章节来写"《孙子》与毛泽东"。此外，在20世纪70年代，格里菲斯还接连出版了毛泽东关于游击战理论的新版译本 *On Guerrilla Warfare*（1961）, *Peking and People's Wars*（1966）, *The Chinese People's Liberation Army*（1967）。

格里菲斯所考虑的不只是过去的中国革命和朝鲜战争。在 *On Guerrilla Warfare* 1961年版的译者序中，格里菲斯在高度评价毛泽东战略的同时还提到，面对接受过游击理论指导的中国人民解放军，美国海军陆战队将可能被迫在热带密林中经历艰苦的战斗。1960年越南南方民族解放阵线正式开始游击战，1961年美国军队顾问团被派往南越，1965年美国海军陆战队正式投入

图 23 《人民日报》1962 年 1 月 7 日登载的讽刺画。《南越丛林战》开演在即的后台，主演美国军事顾问团忙于开战准备。注视着这一切的是编导美国总统 J. 肯尼迪（左上角第二个人物），他旁边则是作为助演的越南共和国总统吴庭艳

越南战场。追寻这一系列经过，可知格里菲斯的《孙子》研究很可能是预想到越南战争而做的。

即使是现在，美国陆军联合兵种中心（US Army Combined Arms Center）面向指挥官的异域文化理解阅读书单（CAC Commander's Cultural Awareness Reading List）的"中国"栏下还有如下五本：

David A. Graff and Robin Higham, *A Military History of China*, 2002.

Kenneth Lieberthal, *Governing China: From Revolution through*

Reform, 2003.

Mao Tse-tung, translated by Samuel B. Griffith, *On Guerrilla Warfare,* by United States Marine Corps, 1989.

David Shambaugh, *Modernizing China's Military: Progress, Problems, and Prospects*, 2002.

Samuel B. Griffith, *Sun Tzu: The Art of War*, 1963.

美军会推荐《孙子》本就是出于对中国人民解放军的研究。因此格里菲斯的译本在学术水平上受到批评，抑或由于是竹简本发现以前的译文所以已经落后于时代这些都不算大问题。毛泽东当时参考的就是传统的《孙子》，而且对海军陆战队和中国人民解放军的战斗有着明确认识的译者只有格里菲斯。

格里菲斯的译文得到了西浦进（当时的防卫研修所战史室室长）等人的协助，对日本的《孙子》研究史做了长达十页的详细介绍，但言辞相当尖锐，如"当敌人以不守常规的方式迎战时就无法应对"，"虽然日本人很热心于《孙子》的研究，但大多数的理解都非常粗浅"。与 *Sun Tzu: The Art of War* 一样，格里菲斯的主要著作之一 *The Battle for Guadalcanal* 也出版于1963年，格里菲斯的上述评价可能还参考了这本书中的分析。

日本的1951年、1962年

太平洋战争下的日本出版了大量书名中包含"兵法"或"孙

子"的书籍。然而在昭和二十年（1945）九月二日日本向同盟国投降后，接下来的一段时期内都没有《孙子》的解说书出版。昭和二十四年（1949）驻日盟军总部（GHQ）颁布的"Press Code for Japan"（审查）被废除之后情况才发生改变。若想了解经历战败的日本对《孙子》的评价是如何急剧变化的，则不能不读佐藤坚司发表于昭和二十六年（1951）二月的论文《对〈孙子〉的回顾》。佐藤氏年轻时便喜爱《孙子》，作为响应战时时局的兵学研究者，他积极进行过不少写作，在上述论文中，作者回顾了1931年前后至1945年的经历：

笔者也是陷入这种错误的人之一，即从冒险的偶然成果中寻找成功的必然性，于是不知不觉开始盲目地相信日本一定会胜利，实在非常羞愧。从战败到今日，我又一次重读从学生时代起就一直在读的《孙子》，结果发现自己之前的理解一直存在着重大的错误。因此怀着忏悔之心决意执笔此文。

"重大的错误"指的是什么，作者并没有写明。佐藤写道，"日本战败的根本原因是什么，我认为全出于这五个字——不了解战争（戦争無理解）。虽自称传统武国，但少有国家如日本这般缺乏战争知识"。他认为对于"冷战"下的日本而言，对战争的理解不可或缺，而比起战术更注重战略、经济的《孙子》的军事理论则最为理想。佐藤继而断言，"《孙子》的研究绝不会激发好战的情绪"，"《孙子》是和平爱好者的必读书"。这种将

《孙子》与和平联系在一起的解读方式成了日后日本解说《孙子》的一种基调。作为后话，佐藤在1958年8月得知格里菲斯的研究正在进行，于是从自己研究日本兵法的视角出发再次着手研究《孙子》，在次年即1959年的6月写成了论文《〈孙子〉思想研究——主要从日本的立场出发》（日本国立国会图书馆藏）并油印刊行。如此一来，就形成了一个环圈，从明治后期的日本开始的对《孙子》的爱好传播到了中国，并间接影响了毛泽东，然后格里菲斯又从毛泽东的书中学习，而日本则又受到格里菲斯的影响。

佐藤的论文《对〈孙子〉的回顾》结尾处记载的执笔日期为昭和二十五年（1950）六月二十日。五天后的六月二十五日朝鲜战争爆发，八月十日警察预备队组建，昭和二十六年（1951）九月《旧金山对日和平条约》签订。同年十一月和十二月，冈村诚之的《孙子的研究——现代解释与批判》和板川正吾的《孙子的兵法与争议的法则》（初版收藏于东京大学法学部）分别刊行。也就是说，在占领统治大致结束而"冷战"形势逐渐清晰之时，兵书的出版潮又开始了。

冈村诚之（1904—1974）曾为陆军大佐，历任参谋和陆军大学校教官等职。时任警察大学的教导主任弘津恭辅为冈村的《孙子之研究》作序，推荐了此书，认为其"抓住了共产主义运动的本质"，"为治安警察谋策"。正文内容中则含有"极'左'的侵略法、国内革命法""未来战争与国内动乱的镇压策略"等意识。冈村通过从昭和三十二年（1957）开始的孙子研究会影响着警察及自卫队干部。昭和四十九年（1974）冈村的遗稿《孙子研究》刊行，此文的序由当时的警察厅警务局局长土田国保所作。

另一边，板川正吾（1913—2004）"在太平洋战争期间阅读和研究了《孙子兵法》，为第二次世界大战和日本的前途而思"，战后历任东武铁道劳动组合执行委员长、众议院议员（日本社会党）等。《孙子的兵法与争议的法则》的写作态度是，"我相信就像日本采取暴力革命方式的共产主义者以〔克劳塞维茨的〕《战争论》为唯一指导书一样，《孙子》是采取和平革命方式的民主主义者的必读书"。卷首则排列着日本劳动组合总评议会议长武藤武雄、东京都劳动局长林武一、日本私铁劳动组合总联合会中央执行委员长藤田藤太郎所作的序。关于这本书的性质，从它将"兵者国之大事"说成"罢工是工会各活动中最重大的"就可以推测出大概了。它对十三篇都进行了这种意译，作为对《孙子》的滑稽模仿是值得大书特书的。

也就是说，昭和二十六年末，公安警察和工会几乎同时开始将《孙子》应用于干部教育。为什么在那么多书当中偏偏选择了《孙子》呢？竹内好于同年四月发表的论文《关于军队教育》中的这段内容为了解这一背景提供了线索：

毫无疑问，军队——至少过去的日本军队是恶的根源。其崩坏是必然的，是值得高兴的事情。因为妨碍日本近代化的最大障碍被清除了。但是我们又无法只单纯地感到高兴。因为过去曾由军队所承担的成人教育这一任务一直都没有得到填补。新的教育制度既无法匹敌军队那种彻底的义务成人教育，也没有获得民众的支持——因其没有代替军队承担起民众所需的市民教育。不仅没有，甚至都没有意识到这一需要的存在。

——《竹内好全集·第八卷》，筑摩书房，1980年，第281页

到昭和二十年为止，在日本社会，军事教育在国民教育方面占有很大的比重，绝大多数的成年男性都切身体验过军队式的教育和管理。假如成人教育一直处于空白状态的话，那么选择应用对讲授和听讲双方来讲都非常熟悉的军队教育其实非常现实。竹内自身便有陆军一等兵的经验，当有认识的人找他商谈是否应该在公司内部实施和贯彻自己的想法时，他以《步兵操典》为例，"非常干脆地说'看，这里写了，独断专行'"（岩浩《竹内好回想》，《思想的科学》1978年5月临时号，第142页）。而前文也已提到过军队士兵对《孙子》的爱好（本书116、117页）。《孙子》的话，当过将校的男性应该都听说过，比较容易被接受。

不仅如此，日本国宪法的前言及第九条中规定的对战争的放弃与《孙子》"不战而屈人之兵"的原则亦有相同之处。在不赞同旧日本军的这一前提下讨论该如何面对敌对势力时，《孙子》就成了军队的比喻。冈村将《孙子》视为"人道主义者的兵学，增强以和平为目的的兵学是日本重建的任务之一"，而与冈村立场不同的板川也曾说过"《孙子》是和平的兵书"这类话。顺带一提，自卫队法颁布的前一年，即昭和二十八年，杉本守义写了

《所谓自卫战争与统帅权独立的问题》，文中明确主张再军备论，并讨论了《孙子》在战争、作战指导上的价值（《警察学论集》1953年12月号，警察大学校）。

而冈村的下面这段话也非常有意思：

> 被兵器的进步和物资的增多所迷惑，以为战争乃至战术仅靠数学和物理学就行，这样的想法实在是愚昧至极。若不治好这毛病，就会败给不正的诡道。
>
> 《孙子之研究》第63页

明治时代《孙子》复兴的原因之一是为了寻找一个答案：日本军队为什么能够战胜拥有强大西洋兵器的清朝海军和俄罗斯军队，肯定有物资条件以外的某种因素左右着。从上述这段话可以看出冈村想法的连续性。

下一个阶段是昭和三十七年（1962），也就是古巴导弹危机的那一年。在这一年的十月到十二月之间，七种面向企业经营者的《孙子》解说书集中出版，这甚至成了报纸杂志的话题。关于这一社会现象，其背景因素是多样的，如对美国经营学的排斥，当时所流行的"兵法经营"的成功，对毛泽东领导下的中华人民共和国的好奇心，由电通公关公司在第一任社长永田久光（1921—1975）的带领下推进的《孙子》·旧陆军"作战要务令"运动（《电通PR中心二十年历史》1981年）等（见图24）。在这里，笔者想引用作家兼中国文学领域的专家武田泰淳说过的话,"《孙子》就只是薄薄的一册","书中的话多不直说,所以怎么解释都行,使得不管是什么奇谈妙论都可以安上去","若想发泄积于心中的想法,则《孙子》不失为一个好工具"。

《孙子》原文本身并没有给出完美的解答,是没有答案的兵法。而它之所以在近现代的日本受到喜爱,反倒正因为它的"松",因为它允许读者自行解读、有寄托

图24 插着"风林火山"旗的电通PR中心的公司用车。该公司是1962年日本《孙子》流行的发源地之一。《艺术生活》一七八号(1963年1月)登载

自己想法的空间。本文在叙述近现代日本的《孙子》阅读史时完全没有提及中国思想史及中国古代史的专家的研究成果,但即便如此,整体情况却几乎已经描述清楚了,这就说明《孙子》的使用与主流学术研究之间存在一定的距离。

与享受可以随意解释的"松"密切相关的,是始于19世纪后期的日本知识界汉文解读及写作能力的急剧下降。只要翻阅一下江户后期到明治初期大家常读的汉籍就可以发现其中的缘由了。江户的汉学家密切关注的清朝学术文艺就不用说了,自古传承故积累颇丰的《左传》《史记》和《文选》等,若未做足够的准备也难以通读。就算是相对容易阅读的《论语》和《孟子》,如果没有相关人物和社会制度等方面的知识,也会有读不懂的地方。而《孙子》文中没有专有名词,行文简洁,所以几乎借着个

人的体验和智慧就能读下来。

　　司马辽太郎曾说过这样的话:"《孙子》有着不清楚不明确这一缺点,而这几乎是汉文一个宿命般的缺陷。"(落合丰三郎《孙子例解》1974年复刻版序)然而,近现代日本只中意《孙子》这样的"松"和简洁,就好似这"不清楚不明确"("不讲明")是汉文和中国古典的全部,从而要将自己的想象寄托于其中。事实上,中国古典里,不乏细致构思而成的周密逻辑,运用韵律、词汇的技巧,即具备沉思和翰藻的文章,此类作品江户时代后期的学者也都曾熟读。希望人们在阅读《孙子》的时候能够意识到,中国历代还有像上述这样的作品存在。

第二部分

畅游于作品的世界——辞如珠玉

日本自古以来刊行有极多的《孙子》译注，应尽量避免重复。如果弄成摘选的话也就是很小的一本书，还不如直接读岩波文库版的《新订　孙子》。

基于上述考虑，本书第二部分选择了如下这些作品。

第一章收录了唐太宗敕令编纂的《群书治要》中摘录的《孙子兵法》。据此可以了解《孙子》中哪些内容被认为是皇帝应该学习的。底本采用宫内厅书陵部藏镰仓时代写本（旧宫内省图书寮的影印本），同时参考东京国立博物馆藏平安时代写本。训读尽量遵循原作中所示的训点，以求接近镰仓时代的风格。

《孙子》中理论性的部分以《形篇》和《势篇》为代表，第二章讲《形篇》和《势篇》的全文以及相应的曹操注。底本为京都大学附属图书馆藏《孙子》古写本。原由任朝廷明经博士的清原家所传，是对永禄三年的原写本的忠实抄写。因为遵循了原写本的训点，所以可对室町时代后期的人如何解读《孙子》有部分了解。

第三章举银雀山汉墓竹简《奇正》的现代译文为例，展示中国战国时代后期的孙氏学派对《孙子》的解说。我们能够看到第二章中会讲到的《形篇》《势篇》的学说在学派的后继者手中是如何展开的,以及《奇正》等兵法上的概念是怎样对其他领域产生影响的。

在第四章,周边民族在汉文化的影响下也开始学习《孙子》,其中西夏文的译文是世界现存最古老的《孙子》译文,本章将依据中国台湾学者林英津的注释对其中的数段内容进行介绍。由于第一章到第三章都偏向《孙子》的理论面,因此第四章将从叙述具体事项的《行军篇》中摘录数条内容进行说明。

上文选取的这些作品,在分量上都不多。但通过各章的不同角度,应该可使读者对《孙子》的主要特征有一个大概的了解。

第一章 | 为了帝王
——《群书治要》卷三十三

以欧洲的角度来看,兵书《孙子》在中国流传了两千多年且读者并不都是专家这一点似乎有些不同寻常。而且兵书中所使用的基本概念和学说,被运用到了其他各种思想学派的著作以及统治论、艺术论和文学作品中,这也可以算是中国的特色。

当然,古希腊和古罗马也有过相当于兵法的存在,而且流传到了后世,所以也不应把兵书这一传统过度强调成中国的特色。比如,色诺芬(前430前后—前354以降)的《居鲁士的教育》[1]中对指挥官教育、军队管理、战术战略的丰富记载,就恰好可以用来与《孙子》作对比。儿子居鲁士问冈比西斯"怎样才能确定他可以取胜",冈比西斯回答:

你提出了一个最为重要的问题,这个问题很难回答……假如你的统帅想要取得胜利,他就必须证明自己是一个合格的谋略家,一个出神入化的王者,心里充满了战略和战术,他必须是一个骗人的人,一个盗贼,一个巧取豪夺者,可以随时随地使他的敌人上当受骗。

---

[1]《居鲁士的教育》引文参照如下译本:色诺芬著,沈默译,华夏出版社,2007年,第66—67页。

《孙子》亦有"兵者诡道也"之名言，金谷治认为"'诡'乃欺骗之意。不同于正常方式，是将计就计的行为"（《计篇》，新订32页）。金谷治还写道：

战争的核心就是将计就计……

《军争篇》，新订第95页

瞒过士卒的耳目不让他们知道军队的计划，变换各种形式并更新策略计谋以求不让人发现，不断变更驻地并故意迂回以使人无法推测。

《九地篇》，新订第156页

冈比西斯说完上述这些话后紧接着又说，"我要你同时也是这个世界上最为正直、最守礼制的人"。《孙子》中也谈到了将军应该具备的品德。将其中符合正义的内容挑选出来后，兵书就充分具备了成为理想的统治论的一部分资格了。

唐代初期的《群书治要》是将《孙子》纳入统治论的典型例子。魏徵等人依唐太宗之令，从万千种典籍中选出了对统治国家而言有用的部分编成五十卷，全书完成于贞观五年（631）。此书后来散佚于中国，只传存于日本（现存四十七卷，未发现卷四、十三、二十）。卷三十三是《晏子》《司马法》《孙子兵法（曹操注）》的部分摘录。

若说是摘录，大家可能会觉得看《孙子》原文就好了，实则并非如此。在编《群书治要》时，使用的是 7 世纪初期唐朝中央藏书机构所藏的书籍，想必是 6 世纪末以前的高质量的写本。《孙子》在唐代到宋代的数百年间被一点一点地改订，然而改订之前的文本就保留在《群书治要》卷三十三中。

且因《群书治要》是从国外传入的作品，平安时代的贵族和镰仓时代的上级武士都非常珍视，书写过程中几乎没有对原文进行改动，可以说是保持了传入日本时的原貌。

另外，对摘选的形式我们也要注意。《群书治要》的读者对象是皇帝或皇族的人。日本平安时代亦经常以此为帝王学的教科书由专人向天皇进讲。因为《群书治要》的这种特性，《孙子》中的欺诈、伪装等内容都被谨慎地删除了。也就是说，这是被"净化"了的美好的《孙子》，是观察统治论与兵书之间关联的理想材料。

现存最古的《群书治要》是五摄家之一的九条家传承的平安时代的写本，第二次世界大战的东京空袭后，九条家从家中仓库烧剩下的物品里发现了仅存的十三卷，后收藏在东京国立博物馆，其存在通过昭和三十五年（1960）的报告而广为人知。这一豪华的写本由各种颜色纸张连接而成，并以金画线，被指定为日本的国宝。幸运的是卷三十三的《孙子兵法》的抄录没有任何缺损，而且还以红色的乎古止点标记了读法（可参阅本书的卷首插图。见图 25）。迄今为止发现的 7 世纪以前的《孙子》只有银雀山汉墓出土的竹简和龙谷大学所藏的新疆吐峪沟（Toyuk）出土的六朝写本残篇（《西域考古图鉴（下）》，国华社，1915 年）。就不与上述二者重复的部分而言，《群书治要》卷三十三的平安时代写本中所含的《孙子兵法》要比其他所有刊本都古老。其后就是宫内厅书陵部所藏的金泽文库旧藏本。根据尾崎康、小林芳规的研究，此书是金泽文库的创立者北条实时命人抄写的，并由清原教经在文应元年（1260）添加训注。长宽二年（1164）藤原敦周受命为京都的莲华王院本添加训注，卷三十三的训注为教经从上述训注所抄，我们可借此了解镰仓时代是如何阅读《孙子》的。

到室町时代末期，《群书治要》都只有写本，到了江户时代的元和二年（1616），依德川家康之令才有了铜活字印刷的版本（骏河版）。天明七年（1787）尾张藩出版了木刻版的版本（尾张版）。在尾张版的基础上进行了订正的版本于1796年被带到中国，给清朝后期的古典研究带来了不小的刺激。现在流传最广的是近代中国的古典丛书《四部丛刊》中收录的尾张版的影印。但是，尾张版的文本是江户时代的学者修改过的，所以无论如何也不能用作校订的资料。

下文是宫内省图书寮（现宫内厅书陵部）在昭和十六年

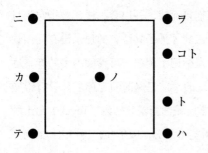

图25 《群书治要》卷三十三《孙子兵法》的乎古止点。乎古止点指以朱点的位置表示汉文训读的送假名等的方法，主要在平安时代和镰仓时代使用。东京国立博物馆本及宫内厅书陵部本也使用了同一类型的加点。详细可参考《群书治要（七）》（汲古书院，1991）中小林芳规所书的内容解题

(1941)影印的金泽文库旧藏《群书治要》卷三十三中的《孙子兵法》部分的全文（简称书陵部本）。校订使用的是东京国立博物馆本（简称东博本）的文本，以及平津馆本《魏武帝注孙子》（简称平津馆本），只标注主要的不同。《群书治要》的《孙子兵法》所附的曹操注亦全文收录。但需要注意，《群书治要》在性质上属于文献的抄录，所以《孙子兵法》的文本和曹操注都有很多被省略的部分。

1

孙子曰：凡*用兵之法：全国为上，破国次之；（兴师深入长驱，距*其都邑，绝其外内*，敌举国来服为上。以兵击破散*得之为次也。）全军为上，破军次之；全卒为上，破卒次之。是故百战百胜，非善之善者也。不战而屈人之兵，善之善者也。（未战而敌自屈服也。）故上兵伐谋，（敌始有谋*，伐之易也。）其次伐交，（交，将合也。）其次伐兵，（兵刑*已成。）下攻攻城*。（敌国已收其外粮城守，攻之为下攻。）故善用兵者，屈人之兵而非战也，拔人之城而非攻也。毁人之国而不久也*。必以全*争于天下。故兵不钝*，而利可全也。

《谋攻篇》

*凡：平津馆本作"夫"。*距：平津馆本作"拒"。*外内：平津馆本作"内外"。*破散：平津馆本无"散"字。*谋：东博本作"让"；书陵部本在"让"字旁边加写了"谋"。*兵刑：

保留了早期的写法，平津馆本作"兵形"。*下攻攻城：东博本作"下攻城"；书陵部本在"下攻城"旁边追加了"攻"字；竹简本、平津馆本作"其下攻城"。*不久也：竹简本、平津馆本作"非久也"。*全：东博本将"令"订正为"全"。*钝：平津馆本作"顿"。

金谷治指出，《孙子》的首要特色就是"非好战之物"。如果单看这一段原文，的确传递出这一感觉。但如果读了带有曹操注的译文，或许会有不一样的感受。因为它的重点在如何保存自己的力量这一"利"上，解释更现实。这个例子展现了《孙子》一书的整体会怎样随着注释的介入而发生变化。

当然，《孙子》的底层的确包含不好杀人、战而胜敌不是最好的思想。这样的态度也得到了战国时代其他学派的认可（本书47页）。《孟子》与《孙子》的立场完全不同，对战争本身就持否定态度，下文举其中一节为例：

> 况于为之强战。争地以战，杀人盈野；争城以战，杀人盈城。此所谓率土地而食人肉，罪不容于死。
>
> 《孟子·离娄上》

但就算如此还是不得不使用暴力的时候，该怎么办呢？16世纪的明代，在中国沿海地区的某城市，人们聚到一起讨论面对倭寇的严重侵犯时该如何作战。继承了阳明学的唐枢（1497—

1574）说"今日所以久无成功者，只少一段事"。当大家问缺少了什么时，唐枢的回答出乎大家的意料："只要有不杀倭子（日本人）的心，便可万全。"战争就在眼前，而这个回答也太没常识了。面对大家的嘲笑，唐枢这样说："此却是实理。人生作事，直须从造化算来，今日种种设计，都是无头勾当。初启衅端，原因国家德脉不贯通，迄今出战，亦须洁净打叠心地，一片不忍生民之意，以为取胜根基，才不破绽。若惟以杀为事，乃是倚靠宇宙间戾气，纵一时得胜，亦非仁义之师。"（黄宗羲《明儒学案》卷四十）在那样的气氛中还有人敢否定对敌人的恶意，让人印象深刻。虽然不知道此后战争的实际发展，但这让人想起《老子》中的这段话：

夫慈，以战则胜，以守则固，天将救之，以慈卫之。

《老子》第六十七章

再回到《孙子》的原文。在这短短的一段中，连续四次使用"是故""故"。如果每一处都翻译成日语的"だから"则会显得非常啰唆。本书第一部分的第一章曾提到，频繁使用"故"是战国时代文献的常见特征（俞樾《古书疑义举例》四十）。其中有的"故"表示新的一段内容于此处开始。或许最恰当的处理是改行。

2

兵形象水。水之行*，避高而就*下，兵之形，避实而击*虚。故水因地而制行*，兵因敌而制胜。故兵无*成*势，水无常形。能与*敌变化而取胜者，谓之神。

《虚实篇》

*行：平津馆本作"形"。*就：竹简本作"走"，平津馆本作"趋"。*击：东博本《孙子兵法》的"击（擊）"全都作"系（繫）"。*制行：竹简本、《文选集注》、《文选》李善注同，平津馆本作"制流"。*无（無）：书陵部本作"无"，东博本为"無"。下同。*成：竹简本同。书陵部本旁注"定"。平津馆本作"常"。*与：平津馆本作"因"。

以水做比喻是《孙子》的特点之一，关于这一点将在下一章的《势篇》进行解说。而这里想要说明的是关于原文所持的节奏。就像第一部分第一章中提到过的，大家对《孙子》具备的文学性亦评价颇高，其中一个原因就是它的韵律节奏。现代汉语的写作也是，先写短句再写长句，这一段话就会比较稳。但如果千篇一律，也会无趣而且不自然，故而会在中间穿插短句。另外，过度使用对句会显得比较滑稽，所以偶尔会刻意打破这种整齐。上文这一段就符合上述行文原则。

上面这段句子的长短为：四—{（三＋五）＋（三＋五）}—{（一＋六）＋六}—{（一＋四）＋四}—（九＋三）。作为章句韵律节奏的参考，下文附上这段内容的上古汉语的构拟音（参考李方桂《上古音研究》的体系，"水"的读音无法确定）。关于后者，虽说并不是按照拼写念出来就是上古汉语的发音，但可以据此分辨声母和主元音的种类。

兵形象水	pjiang ging rjang*x* sjwəd*x*
水之行　避高而就下	sjwəd*x* tjəg grang bjig*h* kagw njəg dzjəg*h*w grag*x*
兵之形　避实而击虚	pjiang tjəg ging　bjig*h* djit njəg kik hjag
故水因地而制行	kag*h* sjwəd*x* □jin diar*h* njəg tjad*h* grang
兵因敌而制胜	pjiang □jin dik njəg tjad*h* sthjəng*h*
故兵无成势	kag*h* pjiang mjag djing sthjad*h*
水无常形	sjwəd*x* mjag djang ging
能与敌变化	nəng rag*x* dik pjan*h* hwrar*h*
而取胜者	njəg tshjug*x* sthjəng*h* tjag*x*
谓之神	gwjəd*h* tjəg djin

在汉语的历史时期划分上，上古汉语以东周为中心，下至秦、西汉。20世纪20年代，瑞典著名的汉学家高本汉（1889—1978）提出了上古汉语这一概念，并构拟了音系。此后，有多名学者都为上古音系提出了修正方案。要将《孙子》作为语言资料利用，前提自然是要懂上古汉语的相关知识。

上古汉语韵文的押韵通常是主元音、辅音韵尾及声调（构拟音中斜体的 -*x*, -*h*）都一致。比如，"行、胜、形"的韵尾 -ng 虽然一致，但主元音分别是 -a-, -ə-, -i-，所以不押韵。可知《孙子》中押韵处较少。

3

孙子曰：凡用兵之法，君命有所不受。（苟便于事，不拘于君命也。）无恃其不来，恃吾有以能待之也*。无恃其不攻，恃吾之*不可攻也。

《九变篇》

*有以能待之也：平津馆本作"有以待之"。*之：平津馆本作"有所"。

开头这一句非常有名。如同自己的部下服从自己一样，将军有义务服从君主的命令。然而，将军拥有在战场上的最高指挥权，面对变化的情况不得不独自做出判断。于是就出现了这样的问题：此刻，到底是君主权力大还是将军权力大？如果完全允许将军独断，可能会威胁到君权。当部下基于现场判断而不守军令时，将军也就无法对其加以处罚。陆威仪在讨论中国古代暴力的著作中指出"君命有所不受"可能会带来君权与兵权的对立，而为了解决两者的矛盾，兵法中出现了"虚"和"实"、"正"和"奇"的观念。

但是在《史记》中，春秋时代齐国的将军司马穰苴（田穰苴，公元前6世纪末）也说过"君命有所不受"，这是一句自古以来就为人所知的话。历代作注的人都是简单略过，几乎没有专门讨论其是非的例子。所以或许并没有像陆威仪这样将君权、兵权的对立与"虚实""奇正"观念的形成结合起来的必要。对这句话大范围的质疑是在进入近代之后。比如,日本陆军士官学校的教授尾川敬二在1934年特意记述道:"像我国这样兵权、政权完全分立,并确保统帅权属于尊敬的大元帅陛下的国家,当然不能就照字面来解读这句话。"(《战纲典令原则对照 孙子论讲》)这是不得不承认"君命"的绝对性。在日本战败后的1951年,冈村诚之写了长达六页的批判,"孙子所说的君命云云用现代的话来说就是,军事要服从政治,作为军人要服从代表所属军队最高决策的统帅者的命令。没有做到这一点是日本落败的综合性原因"(《孙子之研究》)。

4

夫惟无虑而易于*敌者,必禽*于人。故*卒未附亲*而罚之,即*不服。不服即难用也*。卒已附亲而罚不行者*,即不可用矣*。故合*之以文,齐之以武,是谓必取。令素行*则民服*。令素信*者,与众相待*也。

《行军篇》

*于:平津馆本无。*禽:平津馆本作"擒"。*故:平津馆本无。*附亲:平津馆本作"亲附"。后同。*即:竹简本、平津馆本作"则"。后文的两个"即"亦同。*难用也:平津馆本无"也"。*者:平津馆本无。*矣:平津馆本无。竹简本"可"亦无。*合：书陵部本的旁注、平津馆本作"令"。*令素行：平津馆本后接"以教其民"，竹简本后接"以教其民者"。*则民服：平津馆本后接"令不素行以教其民、则民不服"。*信：平津馆本作"行"。*待：平津馆本作"得"。

原文"易于敌"的"于"是为了强调"易（动词：轻视）+敌（宾语）"所加的（何乐士《〈左传〉虚词研究》，商务印书馆，1989年）。在春秋时代常见的这种强调语法后来逐渐减少，到了唐代，再加"于"已经显得不自然。因此，宋代以后的文本为了将原文合理化，就根据自己时代的语感将"于"删掉了。虽然只是一字之差，但这个例子充分展示了因语言的历史变化引发的对文本的改订，以及《群书治要》对文本早期样貌的保留。

5

战道必胜，主曰无战，必战*。战道不胜，主曰必战，无战*。故进不求名，退不避罪，唯民*是保而利，全*于主国之宝也。视卒如婴儿，故可与之赴溪。视卒如爱子，故可与之俱死。厚而不能使，爱而不能全*，乱而不能治，（恩不可用、罚不可犹任*。）譬*若*骄子，不可用也。知吾卒之可以击，而不知敌之不可击，胜之半也。知敌之可击，而不知吾卒之不可以击，胜之半也。知敌之可击，知吾*卒之可以击，而不知地形*不可以战，胜之半也。（胜之半者，未可知也。）故曰：知彼知己

○，胜乃不殆○。知地知天●*，胜乃可全●。

《地形篇》(○●示押韵)

*无战，必战：此处东博本也作"无"而不作"無"。下同。"无""無"的混用在竹简本中就已经出现。东博本保留了《群书治要》所参考的原资料的字体。平津馆本作"无战，必战可也"。*必战，无战：平津馆本作"必战可也""无战可也"。*民：东博本为避唐太宗原名之讳（李世民）此处留空。*全：平津馆本无。新订第135页为"合"。*厚而不能使，爱而不能全：平津馆本作"爱而不能令，厚而不能使"。*犹任：因书陵部本此处难辨，故依东博本。意思难解。平津馆本的"独任"尚比较容易理解。*譬：东博本作"辟"。*若：平津馆本作"如"。*知吾：书陵部本原后接"一"，后又删去。*形：平津馆本后接"之"。*知地知天：平津馆本作"知天知地"。

原文中的"唯民是保"以"宾语＋是＋动词"的格式表达"唯有人民是要保护的"意思，是古老的强调结构。将原文断句为"唯民是保，而利全于主，国之宝也"，并解释为"竭力保护人民，使君主的利益完好无损。〔像这样的将军正〕是国家之宝"的话，不仅在押韵上更好，句子的结构也更自然。但《群书治要》的东博本、书陵部本都是在"而利"后加句号，而将"全于主国之宝也"作一句。上面的译文是根据底本的训注而来，可以说是完全不合理的解读。关于书陵部本的训注有这样的评价，

"训注与旁注的读法多有不同,句读的谬误不胜枚举,甚至还有为写漏写错处附的牵强的训读"(1941年影印本的评注)。老的读法并不一定都是对的。

在"知吾卒之可以击,而不知敌之不可击"等句中,"以"的有无,会导致句意有明显不同,这一点需要注意。"A可以击/A不可以击"中发出击的是A,"A可击/A不可击"中的A则是被击的对象,这是存在规范的语法规则的。(大西克也,《再论上古汉语中的"可"和"可以"》,《中国语言学(第一辑)》,山东教育出版社,2008年)

6

明主虑之,良将修之。非利不赴*,非得不用,非危不战。(不得已而用兵。)主不可以怒*兴军*,将不可以愠而战*。合于利而用*,不合于和*而止。怒可*复喜,愠可复悦*。亡国不可复存,死者不可复生也*。故曰*:明主*慎之,长将*敬*之。此安国*之道也。

《火攻篇》

*赴:平津馆本作"动"。*怒:平津馆本后接"而"。*军:平津馆本作"师"。*战:平津馆本前有"致"。*用:平津馆本作"动"。*和:误写。平津馆本作"利"。*可:平津馆本作"可以"。后三句同。*悦:平津馆本作"说"。*也:平津馆本无。*故曰:平津馆本无"曰"字。*明主:书陵部本旁记"明王"。

＊长将：书陵部本旁记、平津馆本作"良将"。＊敬：平津馆本作"警"。＊安国：平津馆本后接"全军"二字。

"怒"是激烈地表现出来的生气，"愠"是把不服不满憋在心里的生气。"慎"和"敬"虽都是"慎重"，但"慎"是指在做出判断和决定时要谨慎地思考和行动，而"敬"则是指完成应该做的事情时不能有疏忽。

7
师兴＊十万，出师＊千里，百姓之费，公家之奉，日＊千金。内外骚＊动，不得搡＊事者，七十万家。(古者，八家为邻。一家从军，七家奉之。言十万之师，不事不耕者，凡七十万家也。)相守数年，以争一日之胜，而爱爵禄百金于知＊敌之情者，不仁之至也，非民＊之将也，非主之佐也，非胜之主也。故明王、圣主、贤君、胜将＊，所以动而胜人，成功出于众者，先知也。先知＊不可取于鬼神，(不可祷祀以求也＊。)不可象于事也＊，(不可以事类求也。)不可验于度，(不可以行事度也＊。)必取于人，知敌之情者也。

《用间篇》

＊师兴：平津馆本作"兴师"。＊师：平津馆本作"征"。＊日：平津馆本后接"费"。＊骚：东博本作"骆"。＊搡：平津馆本作"操"，属于异体字。＊于知：平津馆本作"不知"。＊民：东博

本缺笔。平津馆本改作"人"。*明王、圣主、贤君、胜将：平津馆本作"明君贤将"。*先知：平津馆本后接"者"。*不可祷祀以求也：平津馆本作"不可祷祀而求"。*事也：平津馆本无"也"。*不可以行事度也："行事"指迄今为止发生的事情（杨树达《古书疑义举例续补》15）。平津馆本作"不可以事数度"。

虽然自古以来他国间谍都是严惩的对象，但同时大家也都承认他们在战争中所起的作用。《用间篇》分为因间（乡间，利用敌占区的居民）、内间（笼络敌方的官吏）、反间（拉拢敌方的间谍）、死间（通过我方间谍将虚假情报带去敌方）、生间（进入敌方的阵地搜集情报而归）五种。

关于间谍，人们好奇的是他们使用的语言。现代汉语的各种方言之间差异非常大，这一点通过中国汉语方言学家曹志耘所编的历史性著作《汉语方言地图集》（商务印书馆，2008年）就可以一目了然。在春秋战国时代，中国各地方言的差异同样显著，北方齐人与南方楚人之间难以交流。虽然在一定程度上形成了类似于通用语的语言，但识别外地人应当是非常容易的。在这种情况下，间谍要如何获取情报呢？其实因间、内间、反间、死间没有必要非得学习语言，生间只用看到实际情况就可以了。

那么在动用军队的时候，语言的障碍不会成为问题吗？1911年辛亥革命，中国南方的反清军队指挥官们相互合作，相传他们在商讨作战方案时就因方言差异过大而无法流畅沟通（《历史学事典第十五卷 交流》，弘文堂，2008年，参看"汉语"

条目)。然而春秋战国时代的《孙子》以及各种兵书都完全没有提到语言的问题,倒像是深知在战场上指挥庞大群体时口头的传达是怎样的无力。

言不相闻,故为金鼓;视不相见,故为旌旗。

《军争篇》

每个人都根据自己的判断来采取具体行动是不可能的。想让军队按照自己的想法去战斗,只需建立整齐有序的组织,让他们依据给出的信号来行动即可。就像身处庞大的团体操之中的人,虽然不清楚自己处在什么图案的哪个位置,也能够一直继续下去。但战争是没有脚本的。指挥者并非通过语言来说明自己的最新判断,而是不断地用简单的声音或动作等信号来传达,以此指挥全员直到结束。就好比只有一个人在操作一台巨大而复杂的机器,而间谍就是为了决定操作方式所需的一个部件。

原文出现的"千里"大约是 400 千米,"千金"大约是黄金 374 千克,但在这里都不是指实际数量,而是表示远和多。另外,"十万"和"七十万"则是以古代中国的土地制度井田制为前提。根据《孟子》,像图 26 这样把土地按照井字切分开来,可以划分出九个区域。最中间的那一块就是公田,由周边八户共同耕种,以此算作租税。周围的八块是各户的私田。如果谁家有人从军,那这户人家就相当于失去了农耕的主要劳动力,其余七

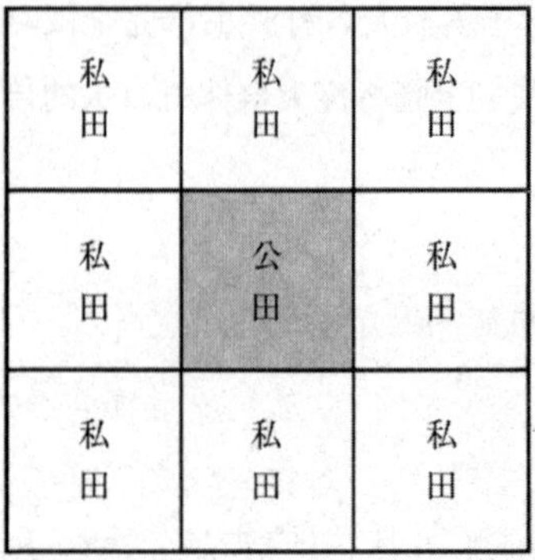

私田	私田	私田
私田	公田	私田
私田	私田	私田

图 26 《孟子》的井田制

户就需要协力帮助他们。在平时各户的劳动负担是 1.125 个区域，这时候就会增加到 1.3 个。曹操注采用了《孟子》的这一说法。而关于段尾的"象于事""验于度"，李零的解释分别是"根据易来占卜""根据太阳、月亮、星星的位置来预测"。

以上就是《群书治要》中的《孙子兵法》。其他如唐朝李善编著的《文选》注释，第一部分第二章中介绍的杜佑《通典》，以及南宋王应麟《玉海》等所引用的原文，都和《群书治要》中的《孙子兵法》较为相近，保留了原早的样貌。虽然相互之间有一些细小的不同，但都可以用作了解唐代《孙子》的材料。另外，日本到平安时代为止所抄的那些古典注释的写本中引用的《孙子》片段，有不少也都保留了古老的形式，具体例子将在第四章的《行军篇》中展示。

第二章 | 形与势
—— 永禄三年的解读

《孙子》的重点其实并不在取胜的具体对策上，反而一直在努力探究产生胜负的原理。而最能展示这个特点的是《形篇》与《势篇》。

"形"和"势"分别指什么呢？曹操的解释是，"形"指一方行动时另一方据此做出反应，互相读取对方的考虑；"势"则指指挥军队需乘势而行。而弗朗索瓦·于连（François Jullien）认为"形"指布置，"势"则指在动静对立之间不断变化的东西。（中岛隆博译《势 效力的历史》）让我们先来读一下《形篇》和《势篇》，第三章再来回答这个问题。

读《形篇》和《势篇》，这里用的是京都大学附属图书馆藏的清家文库本《魏武帝注孙子》（下文简称京大本。见图27）。此版由曾任朝廷明经博士的清原家传承，奥书写有"永禄三年十月五日，据唐本〔从中国传入的刊本〕抄成，加朱墨点。（附签章）同四年四月七日，据首题所记之书校了"。由此可知此书是永禄三年根据"唐本"所作的写本，加上了朱点（乎古止点）和墨点

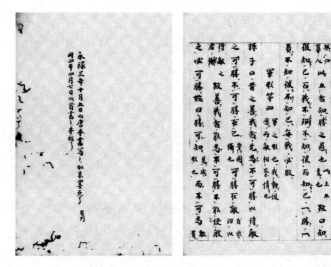

图27 清家文库本《魏武帝注孙子》。原本写于永禄三年(1560)并于次年的永禄四年加以校订,此写本为原本的忠实摹写。明经道的清原家祖传。右为《形篇》的开头部分,左为说明原写本年代的奥书。京都大学附属图书馆藏

(返点、送假名),并在永禄四年用《施氏七书讲义》进行了校订。然京大本并非永禄三年写本之原物,而是原书的忠实摹本。

京大本所依的"唐本"很有可能是元代或明代初期(14世纪前后)由福建的民间出版商刊行的"七书"的一种。早于永禄三年的,除了前章所讲的《群书治要》卷三十三的摘录之外,还有庆应义塾大学斯道文库所藏的《施氏七书讲义》残卷(本书81页,图12),但二者都只摘录了部分《孙子》。京大本这一古写本的珍贵之处就在于它完整地展示了日本解读《孙子》的方式。

现在日本出版的《孙子》译注的原文，大多是译者为了恢复其原貌校订过的。因此，想要知道室町时代或江户时代初期的人读的《孙子》什么样反倒变难了。所以在这里介绍永禄三年的《孙子》的部分内容并非没有意义。下示原文所依为京大本，同时收录原文所附的曹操注。训读和现代文翻译都尽可能遵循京大本的训注，分段时尽量配合《新订 孙子》。至于曹操注的解说，参考了闵福德（J. Minford）英译本 *The Art of War* 的相应部分。

《形篇》

军形第四（军之形也。我动彼应，两敌相察情也。）

1

孙子曰：昔之善战者，先为不可胜，以待敌之可胜。不可胜在己，（守固备也。）可胜在敌。（自修治，以待敌之虚懈。）故善战者，能为不可胜，不能使敌之必可胜。故曰：胜可知，（见成形也。）而不可为。（敌有备故也。）不可胜者，守；（藏形也。）可胜者，攻也。（敌攻己，乃可胜。）守则不足，攻则有余。（吾所以守者，力不足；所以攻者，力有余。）善守者，藏于九地之下；善攻者，动于九天之上，故能自保而全胜也。（喻其深微。）

《新订 孙子》第54页

开头部分的"昔之善战者"是与《老子》第十五章的"古之善为士者"和第六十五章的"古之善为道者"相似的句式。"和《庄子》的'古之人''古之真人'等一样,是借过去表达理想的方式"(福光永司),而并非特指某一位良将。

若要攻击对方,我方的"形"就会不得已暴露。为了避免出现这种情况,必须无缝地坚固防守,待敌人露出破绽时再乘虚而入。所以,防守的一方要掩盖和隐瞒一切,进攻的一方也不能让对方发现和掌握自己的行踪。

关于"守则不足,攻则有余"一句,古来就有各种版本,竹简本是"守则有余,攻则不足",乍看意思似乎完全相反。但是,这个句子中作为前提的"守""攻"和后接的"不足""有余"之间关系并不明确,如果这样理解:

守是因为〔力〕不足,攻是因为〔力〕有余。(守则不足,攻则有余)

若守则〔力〕会有余,若攻则〔力〕会不足。(守则有余,攻则不足)

那两者的意思其实是相近的。但不管哪一种,就如《谋攻篇》的"五则攻之"和银雀山竹简本"客主人分"中的"客倍主人半,然可敌也"所表达的,都是攻击比防守需要更多的兵力。

段落结尾处出现的"九天""九地"分别指天上和地下。天地皆无限广阔,万物在天地间孕育生长。比喻善于攻守之人就如天地般"深微"(曹操注),不会被敌人察觉到意图。《虚实篇》中也有类似的描写。汉代初期的《淮南子·兵略训》中讲到"上穷至高之末,下测至深之底,变化消息,无所凝滞,建心乎窈冥之野,而藏志乎九旋之渊,虽有明目,孰能窥其情",没有固定之"形"且变换自由甚至无法命名的军队才是最可怕的对手。

2

见胜不过众人之所知,非善之善者也;(当见未萌。)战胜而天下曰善,非善之善者也。(争锋者也。)故举秋毫不为多力,见日月不为明目,闻雷霆不为聪耳。(易见闻也。)古之所谓善战者,胜于易胜者也。(原微易胜,攻其可胜,不攻其不可胜。)故善战者之胜也,无智名,无勇功。(敌兵形未成胜之,无赫赫之功。)故其战胜不忒,不忒者,其所措胜,胜已败者也。(察敌必可败,不差忒。)故善战者,立于不败之地,而不失敌之败也。是故胜兵先胜而后求战,败兵先战而后求胜。(有谋与无虑也。)

最后的曹操注本应是"謀りごと有ると慮無きとになり",京大本为误读。分不清"有"和"在"在意思和使用上的区别,说明室町时代末期人们解读汉文的能力已经下降。

3

善用兵者,修道而保法,故能为胜败之政。(善用兵者,先修治为不可胜之道,保法度,不失敌之败乱也。)

4

兵法：一曰度，二曰量，三曰数，四曰称，五曰胜。（胜败之政，用兵之法，当以此五事称量，知敌之情。）地生度，（因地形势度之。）度生量，量生数，（知其远近广狭，知其人数也。）数生称，（称量己与敌孰愈也。）称生胜。（称量之故，知其胜负所在也。）故胜兵若以镒称铢，败兵若以铢称镒。（轻不能举重也。）

《孙子》认为，可以从耕地面积、生产力方面来推算预测胜败。"形"是可以捕捉到外形的，可以转换成数值或量值后再比较优劣，这一点与"势"完全不同。

5

胜者之战，若决积水于千仞之溪者，形也。（八尺曰仞。决水千仞，其势疾也。）

如第一部分第一章中曾提及的，《孙子》虽然字数有限，但文中经常使用比喻。它没有建立严密的逻辑，而是利用比喻将内容的跳跃衔接起来，留给读者想象的空间。《孙子》中的比喻其实说不上华丽，在描述军队时常用水来作比。因为水柔软且能不断地根据周围的情况改变形态，同时还蕴含着强大的能量。

激水之疾，至于漂石者，势也。（《势篇》）

夫兵形象水。水之形,避高而趋下;兵之形,避实而击虚。(《虚实篇》)

像这样以水的流动来作比喻的例子在中国古典中经常出现,但和《孙子》关系最密切的还是《老子》。

天下莫柔弱于水,而攻坚强者莫之能胜。(第七十八章)

《势篇》

兵势第五(用兵任势也。)

1
孙子曰:凡治众如治寡,分数是也;(部曲为分。什伍为数。)斗众如斗寡,形名是也,(旌旗曰形,金鼓曰名。)三军之众,可使必受敌而无败者,奇正是也;(先出合战为正,后出为奇。)兵之所加,如以碫投卵者,虚实是也。(以至实击至虚也。)

第二句的"形名"具体表示什么,《墨子》中论述攻城战防御战术的《旗帜篇》《号令篇》中有详细的例子。据其记载,若以旗为例,当城墙上的士兵举起黄旗时表示需要立刻从城内配送燃料出去,当举起画有两只兔子的旗帜时表示需要输送大量的步兵。再如,中军三度猛击其鼓意味着进入戒严状态,禁止一切外出。至于"奇正",可参考下一段以及后文第三章的内容。而第四句"虚实"一句,以砺石比喻"实",以蛋比喻"虚"。也就是说要判断我方什么地方强,敌方什么地方弱,而并非虚虚实实的虚实。

高杉晋作为文久三年(1863)长州藩创设的军事组织所取的名字奇兵队就来自《势篇》的"奇正"。高杉曾于安政五年在松下村塾听过吉田松阴讲解《孙子》。第一部分第三章介绍过的吉田松阴的《孙子评注》中有"盖兵家之务,善在出奇;善出奇,则正在其中"之语,可见其对"奇"的重视〔《吉田松阴全集》(普及版)第六卷,岩波书店,1939年,第349、433页〕。

2

凡战者,以正合,以奇胜。(正者,当敌。奇者,从旁击不备也。)故善出奇者,无穷如天地,不竭如江海。终而复始,日月是也;死而更生,四时是也。声不过五,五声之变,不可胜听也。色不过五,五色之变,不可胜观也。味不过五,五味之变,不可胜尝也。(以喻奇正之无穷也。)战势不过奇正,奇正之变,不可胜穷也。奇正相生,如循环之无端,孰能穷之哉。

关于战争与"奇",《老子》第五十七章中有"以正治国,以奇用兵"之语。但其实两者并不是明确对立的。"奇"一旦公开便成了"正"。相反,当大家都在追求"奇"时,本应是"正"的东西就变成了"奇"。作者以自然界的运行、组合方式的无限、永远循环的圆来形容这种状态。

《虚实篇》中也有一段以五行的木、火、土、金、水，四季和日月来比喻以变制胜的内容。中国传统音乐的五个音阶为宫、商、角、徵、羽；五个基本颜色为青、赤、黄、白、黑，此外被视为混合色；五味为酸、苦、辛、咸、甘。另外，从竹简本、《史记》的引用（本书177页）以及《文选》注的引用可以推断，"如循环之无端"原先应该是"如环之无端"。

3

激水之疾，至于漂石者，势也；鸷鸟之疾，至于毁折者，节也。（发起击敌也。）故善战者，其势险，（险，疾也。）其节短。（短，近也。）势如彍弩，节如发机。（在度不远，发则中也。）

此处的"势"意指积蓄的力量。对着锁定的目标拉开弓弩之弦时，所用之力其实并未施加于对方。但当弓弦离开手指或扣动扳机的瞬间，箭就会飞出，射倒对方。"鸷鸟"（京大本的しつちょう为误读）是想象中的类似于隼的猛禽，体形不算庞大却能以极快的速度在瞬间捕杀猎物。这种发力的瞬间就叫"节"。

那么对于《孙子》所说的"势"，古代的中国人是怎么理解的呢？《淮南子·兵略训》中的说明如下：

今使两人接刃，巧拙不异，而勇士必胜者何也？其行之诚也。夫以巨斧击桐薪，不待利时良日而后破之。加巨斧于桐薪之上，而无人力之奉，虽顺招摇，挟刑德，而弗能破者，以其无势也。故水激则悍,矢激则远。夫栝淇卫箘簬,载以银锡,虽有薄缟之嚰,腐荷之矰,然犹不能独射也。假之筋角之力,弓弩之势,则贯兕甲而径于革盾矣。夫风之疾,至于飞屋折木,虚举之下大迟,自上高丘,人之有所推也。是故善用兵者,势如决积水于千仞之堤,若转员石于万丈之溪。天下见吾兵之必用也,则孰敢与我战者!故百人之必死也,贤于万人之必北也,况以三军之众,赴水火而不还踵乎!虽誂合刃于天下,谁敢在于上者!

刘向《淮南子集释》

4

纷纷纭纭,斗乱而不可乱,(乱旌旗以示敌,以金鼓齐之也。)浑浑沌沌,形圆而不可败。(车骑转也,形圆者,出入有道,齐整也。)

有说法认为,这一段本来应该属于《军争篇》(可参阅新订第69、97页的注释)。从注释可知,曹操将这一段与下段内容视作互相关联的一个整体。他将这一段解释为导入部分,讲的是要故意装成很弱的样子,但实际上要严守纪律。

5

乱生于治,怯生于勇,弱生于强。(皆毁形匿情也。)治乱,数也;(以部分名数为之,故不可乱也。)勇怯,势也;强弱,形也。(形势所宜。)

局面的混乱或稳定不是固定不变的，它们会不断交替出现。就算敌方本处于稳定的状态，也可以设法让他们阵脚大乱，由沉稳变慌张，甚至失去勇气。相较敌方经历长途跋涉以致精疲力竭、饥饿不堪，我方则就在根据地附近以休养得当补给充足的状态严阵以待，这种策略《军争篇》中亦有提及。

人们向来都知道，"势"很容易便会因某种原因而丢失。司马迁在《报任少卿书》中列举了一些历史人物，他们虽被称赞勇武，却在被问罪时没有选择自杀，宁受牢狱之辱。司马迁在文中引用了此处的"勇怯，势也。强弱，形也"，他认为这些人物的体能"强弱"本应是相近的，而身处战场时的"勇"之所以成了被逮捕时的"弱"，原因就在"势"之不同。这封信据推测作于公元前93年前后。或许正因为《孙子》在当时为大家所熟知，所以司马迁才会在书信中引用其中的话吧。

6

故善动敌者，形之，敌必从之；（见形赢也。）予之，敌必取之。（以利诱敌，敌远离其垒，而以便势击其空虚孤特也。）以利动之，以本待之。（以利动敌也。）

最后一句的"以本待之"，竹简本和十一家注本都作"以卒待之"，这才是正确的。金谷治也认为"卒"和"本"的隶书体在字形上非常接近，因而很容易弄错（本书172页，图28）。若作"以卒待之"，则意思就是"〔我方的〕士兵做好准备严阵以待"。但也有人怀疑这种解读是否过于平庸,进而想换一种解释。笔者对于应该怎样解读这里的"卒"尚无法做出判断。

7

故善战者,求之于势,不责于人,故能择人而任势。(专任权也。)任势者,其战人也,如转木石;木石之性,安则静,危则动,方则止,圆则行。(任自然势也。)故善战人之势,如转圆石于千仞之山者,势也。

"择人"的"择"字古作"释"。发现这一点的是出生于岛根县松江市的泷川龟太郎(1865—1946),他在《史记会注考证》中说"故能择(释)人而任势"之意为"不靠人,只靠势"(详见李零《兵以诈立》)。金谷治也根据前后的文脉提出了非常合理的见解,认为应该是"不要拘泥于人物"的意思(新订第72页)。因此,这一段整体上是在说,不要在意个人的能力,要提高整个团体的实力,然后进行妥善的利用。

有些部分的曹操注非常简洁,难以读懂其意。在中国,3世纪之前的注释经常会有省略词语的现象。因为在当时,书一般都是跟着老师读的,而不是独自阅读。而现在就只能根据过去文献中的用例以及关于书写年代的文化常识来推断作注者的意图。曹操会把"势"和"权"等同起来,是因为《计篇》中有"势者因利而制权也"。

《形篇》的结尾将"形"比喻成面向深谷释放积水。无须其他外力，水就变成了倾泻山谷的急流。就算是在微微倾斜的平地上也一定是从高处流向低处。同时又以地面的木头和石块这些平常一般处于静止状态的事物来作比喻。若把这些东西加工成容易动的形状再置于陡坡的话，就算是木头和石块也一样会翻滚而下。本来静止的东西开始动，发挥出平常见不到的能量，这就是"势"。

文本的错误是如何产生的

比较京大本和岩波文库新订版的《形篇》《势篇》，会发现两者存在多处不同。京大本的底本是14世纪前后出版的刊本，距离《孙子》的出现已经历了一千六百多年的传承，在这个过程中会出现文字的改动，也出现了错误；而新订版的文本则根据竹简本等资料进行了校订。

那么，文本中的这些错误是如何产生的呢？下文将举例进行说明。

（一）同音导致的假借：必和毕——虽然汉字被视为表意文字，但翻阅战国时代和汉代的出土竹简就会发现，对同音字或读音相近的字的借用远比想象中多，让人不禁怀疑当时对汉字的使用是否真的考虑了它们的本义和构造。这种因同音而出现的借用在文字学上被称为"假借"。

《势篇》中有"三军之众，可使必受敌而无败者"之句。按照这个语序，副词"必（一定）"修饰的是动词＋宾语，即"受

图28 汉代的"卒"和"本"。取自陈松长编著《马王堆简帛文字编》(文物出版社,2001)

图29 汉代的"无"和"不"。取自前示《马王堆简帛文字编》

敌（应对敌人）"。主语"三军"即全军,"一定使全军应对敌人"是什么意思呢？

是因为可能会根据情况不作抵抗所以特意加了"一定"吗？这种解释太不自然了。于是宋代的王皙提出,"必"肯定是"毕"的误写,这句话的意思是"所有人都应敌"。而竹简本的"毕"则证实了这个推断。王皙是根据其所处时代的音韵知识做出的判断,其实在20世纪所构拟的汉语上古音中,"必"和"毕"也都为 *pjit。此例为因假借而出错的例子。但其实战国时代的"毕"和"必"下半部分的字形非常相似,也有可能是音和形两方面的干扰导致错误的出现。

（二）字形相似导致的错误：无和不——上文提到了误将"卒"作"本"的情况,任何时代都有可能出现把一个字写成形似字的情况。但要发现《势篇》"無穷如天地,不竭如江海"一句中加点的"不"可能是"無"的误写却并不容易。

此二句竹简本作"〔上面的部分缺损〕穷如天地,无謁（竭）如河海"（新订66页的校订中漏了这一项）。"无"和"無"在竹简本中混用。从战国时代到汉代这段时间,"无"与"不"有字形相似的例子,容易出现混淆（见图29）。可以推测误写的经过可能是这样的：

中间过程甲（假设）　无穷如天地，无竭如河海

中间过程乙（假设）　无穷如天地，不竭如河海（后一句的"无"误写成"不"）

南宋刊本　無穷如天地，不竭如江海（"无"被统一成了宋代的规范字体"無"）

"河海"变成"江海"的时间应该是在唐代中期到宋代初期之间。

（三）被前后文的表述误导而出现的错误：疾和击——被前文刚出现过的类似表述所影响而写错内容的情况在写本制作中时有出现。《势篇》"激水之疾，至于漂石者，势也；鸷鸟之疾，至于毁折者，节也"中两个"疾"的后一个就是一个例子，它本来是"击"字。这是孙星衍提出的看法。

此处的曹操注"发起击敌也"是旁证之一，是与原文中的"击"字有关的内容。另外，《文选》卷四十四收录的三国时代魏国陈琳"夫鸷鸟之击先高，攫鸷之势也"之句是声讨吴国军队的檄文的一部分，化用了与吴军颇有缘分的《孙子》的表述。可见公元 3 世纪时还是"鸷鸟之击"。

以上所举的三个例子是恢复文本原貌的常用手法。众所周知，在写本时代，每一本书之间都会有些不同。判断同一本书的数个写本之间是否完全相同或者哪个写本最为正确是项不容易的工作。如果某个写本的权威性恰巧得到了承认，那么有可能就会只有这个系统的文本流传开来。进入 11 世纪后，木版印刷开始

普及，在某个特定的写本被选为印刷底本而广泛流传后，其他系统的写本就会失去立足之地。

于是就有了校订文本的必要。第一部分中提到过，在朱子学的影响下，从14世纪开始，人们就在尝试复原《孙子》文本。但很多判断都只是基于校订者自身的语感和推理，并非有合理的依据。18、19世纪的清朝考证学对《孙子》研究的贡献之一是，它结合汉语的历史变迁，运用大量的资料，以一种可验证的方式来推断文本的原貌。当时一流的学者不仅拥有从文本的疑点推论出答案的学识与见解，而且还能够当场举出论证所需的依据。

第三章 | 应要不确定
——银雀山汉墓出土竹简《奇正》

约完成于公元前239年的《吕氏春秋·审分览》的《不二篇》列举了描述各个思想家特征的关键词，如老聃贵柔、孔子贵仁等，而孙膑则是贵势。孙氏学派对"势"的重视在当时是得到广泛认可的。

如上章所言，"势"无法还原成以人数或部队数量来表示的"形"。由人组成的群体往往难以掌控，而"势"对于引导群体的方向而言是至关重要的。为探究"势"带来启发的，是非线性科学领域的研究者藏本由纪关于"由节律之间互相影响而产生"的现象——"同步"的说明：

如果两个不同的运动频率都各自保持自己原有的频率，一般来说结果就是步调混乱、杂乱无序。不管原有周期的差异如何小，只要不是完全相同，经过足够久的时间之后彼此的时机就会明显错开。但如果两个频率之间相互作用，就会变得周期完全一致、步调整齐。这就是同步现象。当然，并不是任何时候都会发生同步。周期的差异越大，所需的相互作用就越强。

——《非线性科学》集英社，2007年，第129页

据藏本研究，集体同步现象同样存在，如萤火虫的集体发光，许多人统一行动时的步调，音乐会上的鼓掌，等等。让我们再次回到第一部分中提到过的吴王阖闾让孙武训练宫女（本书20页）的故事。现场只有零散混乱的一百八十名女子，将她们分成各九十名的两群，手中持戟，通过击鼓传达前后左右朝向的信号，这些都是可数量化、记号化的可说明的"形"。就算孙武以不听从命令为由杀了两名队长，"形"也没有受到太大的影响，但一开始毫无秩序的宫女们却变得"周期完全一致"了。这则故事本身可能是为了证明纪律的有效而虚构的，但我们可以注意到，故事中是"势"让本来缺乏职责自觉的群体变成了具有相同目标并为之行动的集体。所谓"势"，或许就是指如何使集体"同步"。

促成集体同步的媒介是什么？《势篇》中举出了"分数"——人的组织化，"形名"——能同时传达正确指示的信号，"奇正"——制造意外的情况扰乱对方，"虚实"——将我方的强势力量一口气施加于敌方的薄弱之处。这些方法可使我方节奏一致，而敌方节奏被打乱。此四者中，组织和信号的存在自然是必需的。指挥集体行动时，就算是完全意料之外的指令，大家也能立即做出反应，并且每个人都能采取正确的行动；若无法做到这一点，现场就会一片混乱。但光靠组织和信号获胜的概率是不大的。有了可得心应手指挥集体这一前提后，接下来的重点就是

"奇正"，因此《势篇》中断言："战势不过奇正。"司马迁在《史记·田单列传》的论赞部分这样赞扬战国时代齐国名将田单的才能：

> 太史公曰：兵以正合，以奇胜。善之者，出奇无穷。奇正还相生，如环之无端。夫始如处女，适人开户；后如脱兔，适不及距。

前半部分直接引用了《势篇》(本书166页)，后半部分自"始如处女"开始引用的是《九地篇》(本书12页)。这段文字表明司马迁熟读《孙子》，并且相信"奇正"便是《孙子》的根本。

按说"奇正"备受重视，但《孙子》中正面讲到奇正的却只有《势篇》，略显不足。山鹿素行《孙子谚义》等书认为，《形篇》《势篇》《虚实篇》相互关联，不完整阅读下来就无法领会其中真正蕴含的意思。虽然可以读完《势篇》后再接着读《虚实篇》，以此来探索"奇正"的含义，但这里让我们换一个阅读对象，来了解一下银雀山汉墓出土的兵书《奇正》。

在1972年这些竹简被发现之前，世人完全不知道此兵书的存在。其在内容上与《孙子》的《势篇》《虚实篇》密切相关，被认为是战国时代后期的孙氏学派所著之书。其在叙述上与汉代初期的《淮南子·兵略训》亦多有重合之处，在公元前3世纪—前2世纪前后应属于相对普及的知识。

原文没有区分段落或章节，现为了阅读方便，将内容分为五个部分，附上原文及现代文翻译。有不少地方仅凭笔者之力无法精确解读，下文所示译文仅为一种试行方案。所用底本为张震泽《孙膑兵法校理》所收的校订版，同时参考了1975年版《银雀山汉墓竹简（壹）》、金谷治译注《孙膑兵法》、李零《兵以诈立》第七讲，及刘殿爵（D.C.Lau）和安乐哲（R.T.Ames）的英译（*Sun Bin: The Art of Warfare*）。

（一）

天地之理，至则反，盈则败，□□〔日月〕是也。代兴代废，四时是也。有胜有不胜，五行是也。有生有死，万物是也。有能有不能，万生是也。有所有余，有所不足，形势是也。

依天地之法则，终点便是起点，盈满便开始亏欠，〔日月〕便是如此；有盛便有衰，四季〔的交替〕便是如此；有胜便有败，五行〔的生克〕便是如此；有生便有死，万物如是；有能者便有不能者，人便是如此；有长处便有短处，形与势便是如此。

《孙子·虚实篇》的末尾也有类似的表述。"奇正"的前提便是，自然界以及各种事物都是不断循环变化的，没有什么状态是一成不变的。

但是它跟下文"形"的议论之间的关联有点令人费解。我方肯定得采用某种"形"来战胜对方，但这个"形"不能是固定的，应是让人没办法简单定义的各式各样的"形"。或许是这个意思吧。

(二)

故有形之徒，莫不可名。有名之徒，莫不可胜。故圣人以万物之胜胜万物，故其胜不屈。战者，以形相胜者也。形莫不可以胜，而莫知其所以胜之形。形胜之变，与天地相敝而不穷。形胜，以楚越之竹书之而不足。形者皆以其胜胜者也。以一形之胜胜万形，不可。所以制形壹也，所以胜不可壹也。故善战者，见敌之所长，则知其所短；见敌之所不足，则知其所有余。见胜如见日月。其错胜也，如以水胜火。

如果是有形之物〔因为其存在是固定的〕，就没有不能用语言进行定义的。如果成了可以用语言定义的存在〔就一定有弱点〕，就是一定可以战胜的。圣人利用万物〔各自的能力、特性〕来战胜万物〔是不断变化的存在〕，所以能一直胜利。战争是以形〔压倒敌方〕取胜的。无法战胜的形是不存在的。但是，没有人知道〔一直保持不确定的圣人〕会以何种"形"取胜。

以形取胜的变化到了天地的尽头也不会有止境〔般无穷无尽〕。以形取胜〔的各种变化〕就算用楚越〔之地生长出〕的竹子〔制成竹简〕来写也写不下。形是以各自的长处战胜〔其他〕的。以某一种形的长处来战胜其他所有的"形"是不可能的。〔以一种形〕压制〔另一种〕形这一方法是相同的，但〔具体如何〕取胜是不同的。擅长作战的人，可以看到敌人的长处就知道他的短处,看到敌人的薄弱之处〔反过来〕可以知道他的强势之处。〔擅长作战的人〕看透取胜之法就如同观察日月一样〔自然〕,获胜就如同以水克火一样〔容易〕。

可以命名和定义的事物都具有一定的形,它们在拥有长处的同时也存在短处。只要使用可以攻击其短处的东西就一定可以击败它。"没有人知道会以何种形取胜"即"莫知其所以胜之形"是和《虚实篇》的金谷治译"大家都知道我方获胜时的情形,但并不知道是如何制胜的"类似的表述。

这里的"圣人"接近于《老子》中所说的"善为道者(道に目ざめをもつ者)"(福光永司),"the wise soul"(Ursula K. Le Guin),指不被固定的"形"或"势"等所束缚的悟道者。

是以圣人无为,故无败;无执,故无失。

《老子》第六十四章

完美掌握事物之间此消彼长关系的圣人才是当之无愧的"擅长作战的人"。而《孙子》中并没有出现"圣人"一词,表明比起《孙子》,银雀山竹简《奇正》更接近《老子》的观点。

(三)
形以应形,正也;无形而制形,奇也。奇正无穷,分也。分之以奇数,制之以五行,斗之以□□〔形名〕。分定则有形矣,形定则有名。□□□□则□□，同不足以相胜也，故以异为奇。是以静为动奇，佚为劳奇，饱为饥奇，治为乱奇，众为寡奇。发而为正，其未发者，奇也。奇发而不报，则胜矣。有余奇者，过胜者也。

以形来应对形为正，以无形来钳制形为奇。〔部队〕编制的奇与正是无穷的。以成为奇的人数进行编制，如五行〔相克〕般压制敌方，〔……〕让他们战斗〔……〕。定好编制后便有了形，定好形之后便有了命名。〔……原文缺字〕若〔与敌方〕相同则不足以胜，〔与敌方〕不同为奇。因此，静为动之奇，佚（安逸）为劳（疲劳）之奇，饱（饱腹）为饥（空腹）之奇，治（秩序）为乱（混乱）之奇，众为寡之奇。奇一旦公开就成了正，没有公开的才能说是奇。将奇公开后，若〔敌军〕无法应对，则胜。若奇过剩了，就成了过度的胜利。

上文说过，要不断变换"形"使之无法定义才能获胜。不固定的"形"，出乎敌人的预测并不断创造与敌方不同的态势，这就是"奇"。后续部分并不是如果对方动那我方就静，如果对方疲劳那我方就安逸，而是如果敌方安逸就设法使他们疲劳，如果敌方粮食充足就设法使他们挨饿，如果敌方状态稳定就设法逼他们慌乱。假设在数量上是敌方占优势，如果对方看不到我方的"形"，那他们就需要在各处做准备，从而导致分散。若使战意高昂的我方军队全力袭击分散后的部分敌军，就可以趁着优势获取胜利。《淮南子·兵略训》中也提到，除去缺少战意和不齐心的情况，当每个人都奋力而战时，历史上还不曾有过以少胜多的例子，要主动创造我方占多数敌方占少数的局面，从而获胜。

"〔……〕让他们战斗〔……〕"这一部分原文是缺损的。张震泽参考了其他篇目，将其补充为"〔三分之一〕让他们战斗〔剩下的三分之二保留〕"。"若奇过剩了"之后的部分虽试着翻译了，但原文的意思笔者其实未能完全理解。

（四）
故一节痛，百节不用，同体也。前败而后不用，同形也。故战势，大阵□断，小阵□解。后不得乘前，不得然后，进者有道出，退者有道入。

一处关节疼，所有的关节都会无法使用，这是因为一体相连。前方〔的部队〕散乱会导致后方〔的部队〕也失去功能，因为它们属于同一个形。所谓作战的势，如果大的队形〔不〕乱，小的队形也〔不会〕散。后方〔的部队〕不能超越前方〔的部队〕，前方在后退时也不能打乱后方的队列。〔若各个队伍都能做到不互相妨碍进退，则〕进者有前进之路，退者有逃退之道。

这部分也有缺损，故无法完整解读，笔者试着进行了填补和翻译。

总之，这部分内容说的是当出现部分损耗时，应该采取措施使其不影响整体。《淮南子·兵略训》中有这样的表述：骥，一节不用，而千里不至（即使能行千里的骏马，只要有一处关节出现了问题，就无法到达目的地）。

（五）

赏未行，罚未用，而民听令者，其令，民之所能行也。赏高罚下，而民不听其令者，其令，民之所不能行也。使民虽不利，进死而不旋踵，孟贲之所难也，而责之民，是使水逆流也。故战势，胜者益之，败者代之，劳者息之，饥者食之。故民见□人而未见死，道白刃而不旋踵。故行水得其理，剽石折舟。用其性，则令行如流。

不予赏赐亦不加惩罚人们却能遵从指令，是因为这个指令是大家能够执行的。赏赐丰厚且惩罚严厉但人们却没有遵从指令，是因为这个指令是大家无法执行的。明知情况不利还奋不顾身勇往直前，这对于孟贲〔这样的勇士〕都是难事，强求大家如此就如同要水〔从下游往上游〕逆流。战之势是增援胜者，替换败者，让疲者休息，让饥者饱餐〔这些事情营造的〕。如此一来，大家便会以〔……（原文缺损）〕的人为榜样，无视死亡〔的恐惧〕，即便上刀山下火海也不退却。用水若能顺应规律就能冲走岩石，摧毁船只；用人若能遵循天性就能使其执行指令犹如水流。

这一段是讲统一管理下的集体行动怎样发挥出最大力量，而不只是单纯个人力量的叠加。下达"大家能够执行的"指令，"增援胜者，替换败者"等，都是些过于理所当然的答案。

"置之死地"——新井白石之疑

《奇正》所言"战争之势"的营造方法与《孙子》的"不战而屈人之兵，善之善者也"（本书145页）、"故善战者，立于不败之地，而不失敌之败也"（本书163页）相近，充分展示了孙氏学派的基本理念。

但我们在阅读《孙子》时会发现，《九地篇》中有两处叙述在很大程度上脱离了《孙子》的基本理念。下文与前章相同，也以京大本为底本，并略曹操注。

*

投之无所往，死且不北；死焉不得，士人尽力。兵士甚陷则不惧，无所往则固，入深则拘，不得已则斗。是故其兵不修而戒，不求而得，不约而亲，不令而信。禁祥去疑，至死无所之。吾士无余财，非恶货也；无余命，非恶寿也。令发之日，士卒坐者，涕沾襟；偃卧者，涕交颐。投之无所往，诸、刿之勇也。

若〔把士兵〕投入没有退路的战场，那么就算面临死亡他们也不会退却。为何会出现〔他们以〕绝不会死〔的情绪而战〕这种事呢？因为士卒以全力相拼。当所处的情况过于危险时，士兵们反而感受不到恐惧了。没有退路的话就会做好觉悟，深入〔敌方内部〕后就会不再去考虑多余的东西，别无他法时只能战斗。于是，即使不加以提醒，部队也能小心防备〔敌人〕，不用做各种努力也能心意相通，不用各种规定去约束也能关系亲密，不需要命令也可以信赖。只要没有不可靠的预言和流言蜚语，〔他们〕到死都不会离开。我军将领手中无钱财〔是因为已经做好死的觉悟，〕不是因为讨厌持有财产；没有剩下的时日〔是因为已经做好死的觉悟，〕不是因为讨厌长寿。〔最终战役的〕命令一发出，士兵中坐着的人〔情绪激动地〕眼泪淌湿了前襟，〔负伤而〕躺下的人眼泪顺着下巴而流。如果把他们逼入没有退路的绝境，他们就会展现出〔独身一人以白刃胁迫和暗杀被重重护卫包围的诸侯的〕专诸、曹刿般的果敢。

*

施无法之赏，悬无政之令，犯三军之众若使一人。犯之以事，勿告以言。犯之以利，勿告以害。投之亡地，然后存。陷之死地，而后生。夫众陷于害，然后能为胜败。

给予破格的恩赏，发布不合规定的指令，率领全军的士兵如同只带领一个人。〔对集体〕需要下达任务使其行动，不能用语言进行说明。需要以有利之事使其行动，不能告知不利之事。陷入几乎要灭亡的境地才能存下来。被逼到将死的境况才能活下来。陷于不利的情况才能一战以决胜负。(有学者认为原文的动词"犯"义同"用""动"或者是"范",但不知依据何在。现暂译如上。)

两者讲的都是被逼入困境的战斗。什么都不告知士兵,把他们逼到不战就会没命的境地,这样一来整个集体必将团结一致,进而就能找到胜机。对于《九地篇》的这种说法,曹操在注释中给予了冷静的评价。他认为陷入绝境的士兵就算拼死奋战,会败的战斗还是会败。

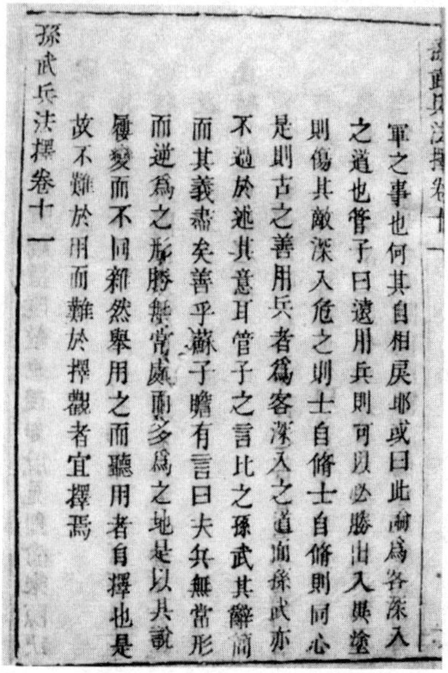
孫武兵法擇卷十一

軍之事也何其自相戾邪或曰此兩爲客深入
之道也管子曰遠用兵則可以必勝出入異塗
則傷其敵深入危之則士自脩士自脩則同心
是則古之善用兵者爲客深入之道而孫武亦
不過於述其意耳管子之言比之孫武其辭簡
而其義盡矣善乎蘇子瞻有言曰夫兵無常形
而逆爲之形勝無常處而多爲之地是以其誠
屢變而不同紛然舉用之而聽用者自擇也是
故不難於用而難於擇觀者宜擇焉

孫武兵法擇卷十一

图30 新井白石《孙武兵法择》。图片所示为,指出《九地篇》中关于"死地"的叙述与《孙子》其他部分感觉不同的部分。万延元年木活字版

《孙子》的整体论调是劝诫人们对整个战况进行谨慎的计算，只在确定能胜时才战。因此，《九地篇》中这些围绕"死地"展开的言论就显得尤其格格不入。而日本发现这一点的是新井白石。如第一部分第二章中讲到的，在上引这段中出现"专诸、曹刿"这两个人物是不自然的，而最先道破这一点的正是白石（本书22页），其解读的仔细和敏锐让人不得不佩服。为了解决此处存在的矛盾，白石引用了《管子·兵法篇》中的如下内容（见图30）：

远用兵，则可以必胜。出入异涂，则伤其敌。深入危之，则士自修；士自修，则同心同力。

在离得远的地方作战，〔就不会出现要逃回家乡的士兵，所以〕一定能够胜利。如果进攻和撤退选择不一样的路线，〔因为无法预测我方的行动，〕敌方就会蒙受不利。深入〔敌阵〕而使〔我方〕处于极度危险的状态，士兵就会自觉遵守纪律。若士兵自觉遵守纪律，那么全军上下就会同心同力。

解释依据安井息轩《管子纂诂》

因白石相信《管子》如传说所载是春秋时代的管仲（？—前645）的著作，所以他认为《九地篇》继承了早期文献的思想。但是，随着研究的积累，《管子·兵法篇》的成书年代被推迟到了战国时代（金谷治《管子的研究》，岩波书店，1987年）。

如果把历来认为《九地篇》过于杂乱的看法考虑进去的话，白石的指摘反而可以成为破解《九地篇》复杂成立史的线索——《孙子》不一定就是在连贯的构思下写成的。

"势""奇正"与艺术理论

《孙子》的"势""奇正"以及"虚实"这些用语后来开始频繁地出现在兵法以外的领域。其中关于"势"这一观念在后世的扩展，上一章提到过的《势 效力的历史》一书中有着详细的介绍。在这里需要再次强调，历史上拥有这种影响力的兵书只有《孙子》。下文我们以文学理论书《文心雕龙·定势篇》为例，来看一下兵法是如何被其他领域吸收的。

> 旧练之才，则执正以驭奇，新学之锐，则逐奇而失正。
> 赞曰：形生势成，始末相承。

上文这一段所在的《定势篇》整体上讲的是人们先是有想要表达的情绪，然后才会去写东西。写东西能选择的体裁也可以有很多，像日文可以写小说、随笔、论文、短歌、俳句以及现代诗等，作者可以选择任意一种。但不同的感情有它们各自适应的体裁，而传统上对于特定的体裁要使用的词语和语法也有一定范围的规定。如果作者能够准确把握对自己想要表达的感情来说最合适的体裁以及词语、句式("形"),那么作品带给读者的效果和感动("势")就可以最大化。另外,对于作者来说如何在遵守传统表现手法("正")的同时运用新的词语、句式("奇"),也是一个重要的课题(詹锳《文心雕龙义证》,上海古籍出版社,1989年)。详细的论证此处暂且省略,但我们可以看出《定势篇》的想法及表述等是以《孙子》的《形篇》《势篇》为基础的。

《孙子》影响的不只是文学理论。中国历代文人学者中好读兵书并士气高昂地说出豪言壮语的不在少数,以至于出现了"善谈兵法,知而不用""纸上谈兵"等含有揶揄之意的成语。其中也有人以冷静的目光自我审视,发出如下感叹:生平好读左氏。曾著《春秋战论》十篇,为天下士所赏识。然尝自忖度,授禧以百夫之长……则此百人者终不能部署。(钱锺书《谈艺录(补订本)》,中华书局,1984年,第459页所引清代魏禧之言)如果能够不以作战为目的阅读《孙子》,并积累大量兵法知识的话,离将书中概念应用到其他领域也就不远了。斗争这一要素非常突出的宋代围棋理论书《棋经十三篇》,就是依照《孙子》的十三篇来写的。兵法以这种娱乐用语为媒介进入人们的日常也是一种自然而然的结果。

第四章 | 集体与自然条件
——西夏文译《孙子》

按顺序读到这里的读者可能会有《孙子》或孙氏学派只会以抽象的方式来叙述事物的印象，但并非所有的篇目都是如此，特别是《行军篇》，文中具体讲解了如何观察地形、自然现象、敌军的行动，以及应该怎样应对。本章将尝试对其中的部分内容进行解读。和本部分第二章一样，本章中原文同样以京大本为底本。另外，第一部分第二章中提到过，西夏文的《孙子》是现存最古老的译文，下文将以中国台湾林英津的注释为基础（图31），附上相应的西夏文译文的大意。

如前文所说，西夏文的《孙子》包含了原文以及曹操、李筌、杜牧的注，关于译文的成文效果则被评价为"简洁，且在相当程度上为意译"（西田龙雄《西夏王国的语言与文化》，第113页），可见比起忠于原文和逻辑严密，它更优先考虑的是行文是否顺畅。在后文，我们会看到有些句子甚至很难解释其依据的到底是哪段原文。而《孙子》是为何会被翻译成西夏文的呢？

西夏人本善战，史书上也记载了他们使北宋军队吃尽苦头的事，所以他们并没有特意翻译《孙子》以供实战参考的必要，应

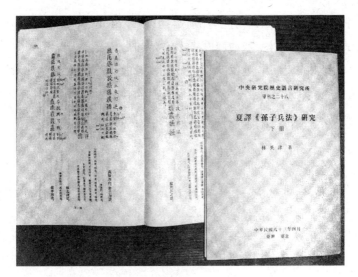

图31 林英津《夏译〈孙子兵法〉研究》(1994)

当从文教或制度方面来考察其翻译的目的。西夏建国约七十年后,夏崇宗李乾顺统治下的夏贞观三年(1104),西夏编纂了书名为"贞观年间军事法典的宝玉之镜"之意的西夏文军事法典,中国研究者将其译为《贞观玉镜统》,定下了详细的军规(小野裕子《关于西夏文军事法典〈贞观玉镜统〉及其目的和〈军统〉的规定》)。夏崇宗在位期间(1086—1139),西夏开始通过自己的科举选拔人才(周腊生《西夏贡举钩沉》)。结合上述这些内容可以推测,11世纪末,在西夏学习北宋进行国家制度整顿的过程中,《孙子》等兵书被翻译和出版,用于高级武官学习。

笔者不懂西夏文,也没有进行像本章这样解读的资格。只是林英津的西夏文译《孙子》研究自1995年西田龙雄以书评的形式进行介绍以来，长时间内都没有日本的《孙子》研究者参考，实属遗憾。因此，笔者将尽量依照林英津的解读进行介绍。只看《孙子》原文部分的译文比较难懂的地方将同时参考曹操、李筌、杜牧注的译文，以〔〕的形式进行适当补充。

孙子曰：凡处军、相敌，绝山依谷，视生处高，战隆无登，此处山之军也。绝水必远水，客绝水而来，勿迎之于水内，令半渡（济）而击之，利；欲战者，无附于水而迎客；视生处高，无迎水流，此处水上之军也。绝斥泽，唯亟去无留；若交军于斥泽之中，必依水草而背众树，此处斥泽之军也。平陆处易，右背高，前死后生，此处平陆之军也。凡四军之利，黄帝之所以胜四帝也。

【西夏文译文大意】
孙子曰：军队驻留设置阵地时需越过山，选择〔容易取水的〕山谷附近；处在高处就能活下来；不可〔从低处〕向山丘进攻。这是在山地的行兵之法。

渡过河之后，〔为了引敌人渡河，〕应该待在〔离岸〕远的地方。当敌军渡河往这边来时，不可在河中迎击。等渡过一半后再攻击则一定顺利。应在高处设阵地。〔因为敌军可能会水攻，〕不能待在地势低处。这是在河地的行兵之法。

经过湿地时要抓紧离开。若未出湿地便得与军交战时，必须占据〔有〕泉水（？）、草、树木等〔的地方〕。这是在湿地的行兵之法。

若是平地，宜选择在方便〔行动〕的地点设置阵地。右方据高地，〔敌人所在的地势低的〕前方将死亡，〔我军所在的地势高的〕后方则生存。这是在平地的行〔军〕之法。

此四种行军方法最为正确。黄帝（皇帝）〔以此法（？）〕战胜了四帝。

这是《行军篇》的开头部分，讲了不同地形的阵地部署和作战时需注意的地方。在西夏文译文中"斥泽"被翻译成了"湿地"，指的是在中国内陆地区可以见到的碱土湿地。碱性强，地下水位亦高，地表干涸后会形成白色的盐，草木不生。如果在这样的地方被敌军包围，人畜都会被渴死。若能找到有干净的活水且长有植物的地方，则可以活下来。

"平陆处易，右背高，前死后生"被解释为在平地上要待在方便移动的平坦处，使背后和右手边为高地，使低地在前高处在后。虽然以前有注释将"平陆"解释成"平坦的道路"，但"陆"还有"台地、平坦的高地"的意思（《尔雅》）。另外，日本流传的平安时代写本《文选集注·卷六十一》中引用的《孙子》将"处易"作"处阳"，意思就变成了"在朝南的地方"。过去本来写的是"昜"（阳的古字体），后来出现了换写成"阳"和误写成"易"的文本。到了唐代的某个时期，错别字"易"

占了上风,反映原来文本的"阳"反而被遗忘了。关于最后一句"前死后生",也有说法认为它是"因为前方是激战区所以会死,后方是安全的所以可以活下来"的意思,但若是如此真值得写进兵法里吗?现依照《淮南子·兵略训》古注中"高处为生,低处为死"的解释,作如下解读:"在平原和台地要选择在朝南的地方,右手边和背后要占据高的位置,使地势低处在前而高处在后。"因处在北半球,所以日照条件好的朝南之地便利于驻屯;使用武器主要用右手,拉弓时亦瞄准左侧,只要有一点高低差,使敌人处于左前方的低处,作战时就会有利。"易"为"阳"之误最早是在清叶大庄的《退学录·卷二》中被指出的。关于《文选集注》的"阳"字,他也曾提出过准确的意见。(小尾郊一、富永一登、衣川贤次《文选李善注引书考证(下)》,研文出版,1992年。见图32。)

末尾一句中出现的黄帝(名轩辕)是传说中振兴了中华文明的帝王,亦被视作兵法之祖。而"四帝"的意思是通过对银雀山出土的竹简资料"黄帝伐赤帝"的解读才弄清的。据竹简资料,处于中央的黄帝依次打败了南之赤帝、东之青帝、北之黑帝和西之白帝,取得了天下。若将四帝的顺序和《行军篇》的四种地理环境对应起来,则为赤帝——山、青帝——

图32 平安时代写本《文选集注·卷六十一》《孙子·行军篇》的引用成了"平陆处阳"。金泽文库传,称名寺(神奈川县横滨市)藏。取自《京都帝国大学景印旧钞本》第三集(1935)

水岸、黑帝——湿地、白帝——平原，黄帝了解各个地形的作战方法，进而获得了胜利（但竹简"黄帝伐赤帝"中讲到的是敌军和我军的位置关系，而不是地形）。《孙子》中极少出现固有名词或历史、传说，此处属于例外。

下面这个例子讲的是预测气象变化带来的灾害。

上雨，水沫至，欲涉者，待其定也。

【西夏文译文大意】
水来时有气泡的话，不能马上渡〔河〕。〔气泡〕消失才可以渡过去。（杜牧注：渡山谷间的河流时，如果水面有气泡，那么山上就在下雨，应当等气泡消失，〔水位〕退下后再渡河。若不这样，水流激增，则士兵和马匹都将有危险。）

唐杜牧注的原文说的是，"言过溪涧，见上流有沫，此乃上源有雨，待其沫尽水定，乃可涉；不尔，半涉恐有瀑水卒至也"，即"渡山谷间的河流时，有时上游会带下气泡。这是因为上游在下雨。待气泡消失，且水量平稳后，方可过河。如果不这样的话，有可能会在只渡过去一部分人的时候突然冲下激增的流水"。西夏文译文中增加了"士兵和马匹都将有危险"这一句。

接下来的各个小节讲的是通过观察周围情况来判断敌人动向的心得。

鸟起者,伏也;兽骇者,覆也。

【西夏文译文大意】
降落的鸟受到惊吓而飞起,表示有兵埋伏;野兽受到惊吓,表示有兵突袭。

关于"鸟起",有说法(宋代的张预)认为它是指一直平飞的鸟在经过有伏兵的地方时会提高飞行高度,而西夏文的这个翻译是比较传统的理解。后半句说的是,当敌人想包围这个地方而在林中迂回靠近时,会有野兽逃窜。

尘高而锐者,车来也;卑而广者,徒来也;散而条达者,樵采也;少而往来者,营军也。

【西夏文译文大意】
尘土高扬且上部尖锐,则是车或骑马的士兵;尘土低且下部扩散,则是步兵;尘土散乱且各处乱飘,则是采集柴木的人;尘土量少且来来回回的话,则是在部署阵地。

这部分讲的是通过从远处观察尘土来判断敌军动向的方法。

因为古代中国的道路是没有经过铺设的,有军队经过时会扬起尘土。车马是呈纵队快速接近的,因此尘土会高扬,看到的宽度就窄。步兵是排开来缓慢接近的,因此会笼罩着大片低扬的尘土。

关于敌方阵地需注意的地方,下面这条就是其中之一。而这一段内容,流传下来的有三种不同的版本。首先来看《十一家注孙子》中的两种,下文区分标记为①②:

①粟马肉食,军无悬甀,不返其舍者,穷寇也。
(按照杜牧的注释翻译)喂马〔人拿来做主食的〕谷物,〔士兵〕吃肉〔等好吃的食物〕,没有携带用的水瓮,不返回营地的,是陷入困境〔打算决一死战〕的敌人。

②杀马食肉者,军无粮也;军无悬甀,不返其舍者,穷寇也。
(按照李筌的注释翻译)杀马吃马肉是因为部队里没有粮食了,没有携带水瓮,不返回营地的是〔连食物都无法准备的〕陷入僵局的敌人。

像②所说,敌军杀马食肉说明他们没有粮食陷于困境的内容,不用写进兵书大家也都知道,所以①应该才是原句的样子。而"粟马"即为了让马有力气而喂优质谷物,曾发生于西汉的卫青、霍去病全面攻打匈奴之时(《汉书·匈奴传上》)。关于"悬甀",因为金谷治译作"挂在墙上的锅",比较难理解,故笔者尝试将其译为"携带用的水瓮",即并不大的、吊着搬运的陶制水瓮,但不知是否正确。唐代规定(日本的《养老令》也大同小异),除武器和粮食外,军队中每一"火"(十个士兵)都要携带大量装备,如帐篷、喂马的草料桶、铲或镐之类的土木工具等。这个句子要表达的意思应该是,把除兵器外的其他东西都抛掉了,连必需的水瓮都不带,甚至将设置的营地都放弃了,如此这般拼死战斗。

而"粟马"之所以会变成"杀马"是源于早于唐代某个年代的误写。虽然现在的"粟"和"杀"完全不一样,但在战国时代至汉代之间应有过字形比较接近的例子(见图33),于是在早期出现了误将"粟"作"杀"的写本,从而有了②的文本。

图33 汉代的"粟"和"杀"。取自前示《马王堆简帛文字编》

从西夏文译文也可以发现,在11—12世纪的中国北方,"杀马"更占优势。下文列出了西夏文字、西夏文的词形构拟(为方便阅读林英津的注释,现依龚煌城说。阿拉伯数字表示声调的类)以及句子的大意:

$gjij^1$ $śjij^1$ $tśhij^1$ $dzji^1$ gja^1 $dźjwij^2$ $mjij^1$ $rjir^2$ sju^1 mji^1

$dźji̯^? - wji^1$ lew^2 $mə^1$

(此处原文为西夏文)

【西夏文译文大意】杀马吃马肉是因为军队中没有粮食。锅搁置着，不拿，像这样的事情应该是不可能的。

句子的结构为（1）主谓宾结构（S+O+V），（2）否定词 mji^1+（语干 dźji$^{i?}$+动词语尾 wji^1），但后半部分或许存在错字和漏字。"瓬"的译文 rjir^2 也可以表示锅。此处的西夏文译文和前面的①②不同，应该是按照如京大本等这样的原文③翻译的，只是不太明白译者是如何理解原文后半部分的。

③杀马肉食者，军无粮也；悬瓬不返其舍者，穷寇也。

《行军篇》这种与《形篇》《势篇》完全不同的具体性，是《孙子》的又一个有趣之处。像这样的描写并非《孙子》独有，《左传·成公十六年》（前575）鄢陵之战将要开始之时，楚共王和伯州犁之间的问答，问的是敌方晋军的举动所表示的意思：

王曰："骋而左右，何也？"曰："召军吏也。""皆聚于中军矣。"曰："合谋也。""张幕矣。"曰："虔卜于先君也。""彻幕矣。"曰："将发命也。""甚嚣，且尘上矣。"曰："将塞井夷灶而为行也。""皆乘矣，左右执兵而下矣。"曰："听誓也。""战乎"曰："未可知也。""乘而左右皆下矣。"曰："战祷也。"

后世，大家评价此对话的写法就像是小说中的对话一样。而之所以要如此仔细地观察敌人,是因为对于营造"势"而言抓住每一个小迹象是必要的。《淮南子·兵略训》关于气势、地势、因势"三势"的说明如下:

将充勇而轻敌,卒果敢而乐战,三军之众,百万之师,志厉青云,气如飘风,声如雷霆,诚积逾而威加敌人,此谓气势。硖路津关,大山名塞,龙蛇蟠,却笠居,羊肠道,发笱门,一人守隘,而千人弗敢过也,此谓地势。因其劳倦怠乱,饥渴冻暍,推其揞揞,挤其揭揭,此谓因势。

将军充满了勇气且蔑视敌人,士兵果敢且主动投入战斗。三军〔全军〕之人,百万人的部队,朝向目标的意志升至青云,意气如疾风,呐喊声如雷,以认真和注意力集中压倒敌人,这是气势。狭窄的道路、渡口、关卡、高耸的山峰、世人皆知的要塞——龙蛇盘踞,〔群山连绵的〕地形如放倒的簦笠,羊肠般的弯道,山谷的入口像捕鱼的鱼梁一样〔一旦进去就〕出不来,只要有一个人在那守着这隘路,就算是一千个〔敌〕人也无法通过,这是地势。乘敌人疲劳、倦怠、混乱、饥饿、口渴、挨冻、中暑,冲撞要倒的人,压垮要站起来的人。这是因势。

三势中,地势须详细观察地形利弊,因势须详细观察敌军存在的问题。如果将《行军篇》中列举的各种细小迹象都汇集起来,并进行可靠地组织,最终会成为我方获"势"的开端。因此，笔者想要在这里再次引用《攻谋篇》的这句话：

知己知彼，百战不殆。

人们需要做的是不断观察和判断，为获取"势"而不惜一切努力。

结　语

笔者不是中国思想史或历史方面的专家,而是一名中文教师,之前也没有关于《孙子》或兵书、军事的研究经验,会写这本书完全是出于偶然。因为没有任何这方面的知识积累,所以在一开始先是把《孙子》十三篇的原文一字一字地手抄到了稿纸上,同时一点一点地收集相关资料进行阅读。在这个过程中,逐渐扩大的一个疑问是:为何《孙子》会成为全世界有名的古典。

当然,《孙子》是一本富有魅力的书,而且有独属于它的特色。弗朗索瓦·于连的观察是这样的:

> 战争通常被认为是无法预测,是受偶然(或宿命)支配的。相反,中国的思想家却从很早开始就认为战争的展开纯粹是有其内在的必然性的,且这种必然性是可以通过逻辑去预测、完全可以掌控的。
>
> 中岛隆博译《势　效力的历史》,第17页

这种一般化是否适用于中国以外的其他地方,笔者无法判

断，但战争"受偶然（或宿命）支配"的想法在中国也广泛存在。然而就《孙子》而言，于连的话是非常符合情况的。当然，虽说可以预测、完全可以掌控，但前提是要时刻观察和持续思考敌我双方的行动及新变化。就从准确指出这一点而言，《孙子》就已经具备了作为古典的资格。

而读者真正想要知道以及可以立即看到成效的，是怎么做才能够预测和完全掌控。但《孙子》并没有讲到这一点。

一曰度，二曰量，三曰数，四曰称，五曰胜。（《形篇》）

通过本书164页所引的注释我们可以知道，《孙子》的话是对的。但是，这样就能够获得胜利吗？《孙子》不是一本只要按照书中顺序去做，不管是谁都能成功的指导手册，它要人们自己去研究，去思考，去判断。如果没有胜利过的人想要获得胜利，读《孙子》真的会有用吗？

再者，如果不是真的要进行战争，《孙子》中有用的部分又非常有限。如果阅读的目的是学习，派上用场，那这样的书在中国有很多。站在中国文化研究者的立场上来看，学习中国传统文化却不接触《史记》、《汉书》、杜甫或《论语》等肯定是不可能的，但我们很难说《孙子》是中国文化知识体系中不可或缺的存在，一个人就算是一辈子都没有接触过《孙子》，也不是什么不可思议的事情。所以，《孙子》到底是为什么会变得如此有名呢？

另外，笔者在收集资料的过程中，还发现了一件奇怪的事情。美国出版的《孙子》封面上有一部分非常古怪，如图22（121页），黑底配橘黄色的圆圈，圈中写着"侍"字。随着日本在日俄战争中获胜，西方世界才注意到了《孙子》，《孙子》最早是和日本关联在一起被西方接受的。意识到这一点之后，笔者关于《孙子》为何会闻名世界的疑惑也解开了，美国版封面的古怪也就明了了。也就是说，随着南非战争、日俄战争、朝鲜战争的爆发，20世纪的国际秩序不断变化，作为西方世界与"他人"（包括南非的布尔人）作战用的参考资料，《孙子》开始被翻译、阅读和了解。虽然这对于欧美的东亚研究者来讲似乎并不是什么新的认知，但笔者却到很后面才发现这一点。

《孙子》在日本的重生发生在中日甲午战争、日俄战争前后，与近代西方对抗的意识开始高涨之时。从那时起，对《孙子》的解读开始变成尽可能夸张和鲜活地描述它多么具有东洋特色，以及多么有用。在翻阅了许多相似的解读后，有个疑问在笔者心中越来越大：为何会有这么多与《孙子》文体并不相称的高调叙述呢？在这样的环境下，有一本书让笔者感到非常意外，那就是在115页提到的北海道大学附属图书馆藏的寺冈谨平的著作。书中属于寺冈谨平自己的内容只有序文。他专注于传播前人的成果，自己连一项注释都没有多加。这在那个时期的兵书研究方面是非常罕见的。如果只看他在中国工作期间的部分日记（寺冈义春编『寺岡謹平　日誌抄』，1988年），会觉得他不像是持有特殊见解的人，然而他的书却表现出一种对其他能说会道的注释、解读的抗议。

还有一点令人惊讶的是，收藏于北海道大学的这本书中，《孙子》《吴子》原文每个字的右侧都满是蓝黑色墨水的工整字迹，是用注音符号（20世纪初期中国制定的音标）标记的汉语发音。仔细看可以发现，它们不是用词典查出来的读音，其中还可以见到日本人听音时容易犯的错误。像是一个日本人坐在中国先生面前，听着用汉语朗读的原文认真记下的发音。音标到"七书"排第三的《司马法》的开头部分就停了，可能是课程中断，也可能是已经不用音标也能读了。过去在日本想要阅读中国古典，一般是通过汉文训读入门，还一度出现了只用训读就行、训读更好这种倾向。当然，如果要正式学习，还是需要用中文发音来读——不是指形式上的朗读，而是必须能理解中文本身的意思。室町时代的禅僧岐阳方秀早就道破过这一点，这样做其实是理所当然且无法避免的。虽然不知道书中这些音标是什么时候写的，是旧藏者中谁写下的，但它表明，在过去，也曾有人不遗余力地尝试着用正确的发音来读《孙子》。

笔者追寻着《孙子》被世代阅读和反复"诞生"的过程——包括绕的这些远路，对于最初的疑问渐渐有了自己的答案，记录下来，便成了这本书。

最后，我想在这里表达我的感谢。

在对写作方针还没有头绪的2006年夏，我在位于南京大学附近的万象书店买到了中国著名学者李零当时刚出版的新书《兵以诈立——我读〈孙子〉》，他用通俗易懂的中文写成的这本著作让我意识到，我可以从自己的角度来讲述《孙子》。遇见此书对我来说实属幸运。而第二部分第三章选择《奇正》，也是受到了李零教授著作的引导。李零教授还是写随笔的高手，对于学过中文的读者而言，他在以《花间一壶酒》（北京：同心出版社，2005年）为首的大量随笔集中谈到的兵法论也很值得推荐。

关于第二部分第四章中西夏文译《孙子》的解释，有部分内容承蒙台北"中央研究院"历史语言研究所林英津研究员赐教。林英津先生已经不满足于十五年前的解读水平，但因笔者能力有限，只能试着将他1994年著作中的解读译成日文。舛误之处责任当全在笔者。

感谢岩波书店编辑部的杉田守康先生、山本贤先生、奈良林爱先生一直以来的关照。尤其从策划开始就负责此书的杉田先生，对待笔者两次三番推翻构思一直非常耐心，仔细阅读了笔者粗拙的初稿并认真给出了许多意见。他在原稿上细心的批注修改让笔者想起了小学上交作文让恩师修改的那段时光。我能够在混沌中梳理出本书的结构和形式多亏了杉田先生，冈本哲也先生的细心校对，以及金谷治教授内容扎实的《新订　孙子》也对本书有很大帮助。笔者从未想过会写一本关于《孙子》的书，因此非常感谢杉山正明教授为笔者提供的机会。

2009年2月8日
平田昌司

附 注

卷首的图片《群书治要》卷三十三《孙子兵法》的部分属于首次对外公开。感谢东京国立博物馆对拍摄以及刊登的许可，同时也非常感谢中国台北故宫博物院图书文献馆及文化行销处、庆应义塾大学附属研究所斯道文库、京都大学附属图书馆准许书中插图的刊登。此外，《三略口义》(第一部分第三章)、《绘本孙子童观抄》(图19)、吉田松阴亲笔《孙子正文》(图20)、清家文库本《魏武帝注孙子》(图27)都属于京都大学附属图书馆的贵重资料图像，且全文线上公开。另外，没有写明收藏者的插图多为家藏之物。还有一点需要说明的是，如果没有日本国立国会图书馆的近代数字图书馆，书中关于日本明治时期的部分则是无论如何都写不成的。

参考文献

一 全书相关参考文献

《孙子》原著

（1）魏武帝注和十一家注

『漢文大系』第一三卷、富山房、一九一二年。

所收原文以孙星衍的岱南阁本《孙子十家注》为底本并附有训点和眉批。1975 年的增补版追加了详细的音训索引。

杨丙安校理，《十一家注孙子》，北京：中华书局，1999 年。

谢祥皓、刘申宁辑，《孙子集成》（全 24 册），济南：齐鲁书社，1993 年。

集合并影印了八十种 1949 年前的《孙子》的写本、版本、注释。

（2）银雀山汉墓出土竹简

银雀山汉墓竹简整理小组编，《银雀山汉墓竹简（壹）》，北京：文物出版社，1975 年。

此书通过竹简的照片、摹写和释文，介绍了《孙子兵法》和《孙膑兵法》的全貌。《孙膑兵法》中十五篇的竹简照片只在此版本中有收录。照片的印刷质量不稳定，多本比对后，可发现在字的辨读程度上存在很大差别

（1976年日本龙溪书舍刊行的翻版中，照片里的文字几乎无法辨读）。只有说明和释文的有《银雀山汉墓竹简　孙子兵法》（文物出版社，1976年）、《银雀山汉墓竹简　孙膑兵法》（文物出版社，1975年）。

银雀山汉墓竹简整理小组编《银雀山汉墓竹简（壹）》，北京：文物出版社，1985年。

此版本与1975年版在内容上有很大不同，收录了题为《孙子兵法》《孙膑兵法》《尉缭子》《晏子》《六韬》《守法守令》等十三篇的竹简照片、摹写和释文。照片比1975年版清晰，注释也经过了修订。

《孙子》的翻译、注释

（1）日本　近现代

佐藤鉄太郎『孫子御進講録』海軍大学校、一九三三年。

于昭和七年（1932）进讲。

尾川敬二『戦綱典令原則対照　孫子論講』菊地屋書店、一九三四年。

摘录了与《孙子》相对应的日本陆军"战纲典令"（"战斗纲要""步兵操典""军队教育令"等）并进行了对比。

山田準・阿多俊介訳注『孫子』岩波文庫、一九三五年。

寺岡謹平『武経七書直解』出版年未詳（一九三八―四二年のあいだ）。

金谷治訳注『孫子』岩波文庫、一九六三年。同『新訂　孫子』岩波文庫、二〇〇〇年。

金谷治責任編集『世界の名著10 諸子百家』中央公論社、一九六六年。

收录了町田三郎译注的《孙子》，金谷在卷首语《中国古代的思想家们》（「中国古代の思想家たち」）中论及《孙子》。

天野鎮雄『孫子・呉子』新釈漢文大系第三六巻、明治書院、一九七二年。

山井　湧『孫子　呉子』全釈漢文大系第二二巻、集英社、一九七五年。

浅野裕一『孫子』講談社学術文庫、一九九七年。

湯浅邦弘『孫子・三十六計』角川ソフィア文庫、角川学芸出版、二〇〇八年。

（2）日本　江户时代（仅限 20 世纪以后有过翻刻或影印的作品）

山鹿素行『孫子諺義』寛文一三年（一六七三）序。和文、汉文混合。其翻刻，除了民有社本（一九一二年），还有広瀬豊编『山鹿素行全集　思想編』第一四卷（岩波書店、一九四二年）中收录的一种。

荻生徂徠『孫子国字解』寛延三年（一七五〇）刊。和文。翻刻见『漢籍国字解全書』第一〇卷（早稲田大学出版社部、一九一〇年）。

新井白石『孫武兵法択』万延元年（一八六〇）刊。汉文。其翻刻与『孫武兵法択副言』一起收于『新井白石全集』第六卷（吉川半七、一九〇七年）。古川哲史『新井白石』（弘文堂、一九五三年）之十七「孫子註解の二書」中有关于本书确为白石所著的考证。

神田白龍子『武経七書合解大成俚諺鈔』享保一三年（一七二八）刊。和文。翻刻见『校註漢文叢書』第五・六卷（博文館、一九一三年）。

山口春水『孫子考』完成年代不详。和文。作为岡田武彦『孫子新解』（日経ベンチャー別冊、日経 BP 社、一九九二年）另加的附录，收录了小浜市立图书馆藏写本的影印版。

佐藤一斎『孫子副詮』弘化三年（一八四六）刊。汉文。影印见上述『孫子集成』第一六册。

桜田簡斎『古文孫子正文』嘉永五年（一八五二）刊。汉文。影印见『孫子集成』第一六册。

伊藤鳳山『孫子詳解』文久二年（一八六二）刊。汉文。影印见『孫子集成』第一七册。改成训读后由水交社于1907年刊行。酒田市立图书馆公开了定本完成前的亲笔原稿的全文图像。

吉田松陰『孫子評註』文久三年（一八六三）刊。汉文。翻刻见山口县教育会编『吉田松陰全集』（定本版）第四卷（岩波書店、一九三四年）。而乃木希典私人出版的版本则是松阴赠送给久坂玄瑞的亲笔写本的影印再加上吉田库三写的跋文。训读见于山口县教育会编『吉田松陰全集』（普及版）第六卷（岩波書店、一九三九年），而大河书房版的同全集则在第五卷（一九七三年）。

（3）现代汉语

吴九龙编，《孙子校释》，北京：军事科学出版社，1990年。

对《孙子》原文的校订注释以及现代汉语翻译。卷尾有《孙子》的英译、法译、俄译、日语的汉文训读、意译。《孙子会笺》（中州古籍出版社，1988年）等作品的著者杨炳安参与了执笔。杨炳安的注释仔细研究了清代学者的观点和论说，很有价值。

李零注，《孙子译注》，北京：中华书局，2007年。

本书抽出了后述《〈孙子〉十三篇综合研究》中汉代汉语译注的部分。

（4）英文

E. F. Calthrop, *Sonshi*, Tokyo：Sanseido, 1905.

E. F. Calthrop, *The Book of War: the Military Classic of the Far East*, London: J. Murray, 1908.

Lionel Giles, *Sun Tzŭ on the Art of War*, London: Luzac, 1910.

BN Publishing其他的缩略版把解说和注释全都删掉了，所以并无利用价值。

Samuel B. Griffith, *Sun Tzu: The Art of War*, Oxford University Press, 1963.
书中有十家注的部分翻译。下记版本则大幅删减了解说等内容，还增加了没有意义的插图，故不值得推荐。*The Illustrated Art of War*, Oxford University Press, 2005.

Ralph D. Sawyer, *The Seven Military Classics of Ancient China*, Boulder: Westview Press, 1993.

"七书"全文的英译。《孙子》的文本则依据十家注本，并在注中标注了与竹简本的差异处。

Roger Ames, *Sun-Tzu: The Art of Warfare*, New York: Ballantine Books, 1993.

今本《孙子》、竹简本（缺损处未补充，仅翻译了存留部分）、佚文（部分）的英译。

John Minford, *The Art of War*, Penguin Books, 2002.

由两个部分构成，《孙子》原文的英译，以及对十家注、诸子百家的书、《孙膑兵法》、钱德明译、翟林奈译、李零注等的相关部分进行摘录后的英文翻译。本书的特色是翻译了相当多的曹操注，并详细指出了《孙子》与《老子》的关联。

围绕《孙子》的研究

（1）《孙子》

『武内義雄全集』第七卷、角川書店、一九七九年。收录了「孫子の研究」（一九四四年前后的未刊稿）、「孫子十三篇の作者」（一九二二年）、「孫子考文」（一九五二年）。

作为用日文写的学术性研究成果，本书直到今日仍有很高的参考价值。

不过其中一些在音韵说明上出现的错误等影响到了后来的日文译注。关于《孙子》的押韵可以从清江有诰的《先秦韵读》（收录于《音学十书》）开始读，此书写作态度较为慎重。

李零，《〈孙子〉十三篇综合研究》，北京：中华书局，2006年。

将旧作《吴孙子发微》（现代汉语译注）和《〈孙子〉古本研究》（古本的校订文本、研究论文等）这两册合成一本后进行了改订，是很好的《孙子》研究的基础读本。

李零，《兵以诈立——我读〈孙子〉》，北京：中华书局，2006年。

李零在北京大学的《孙子》讲义。内容非常有意思，大部分的插图也非常有用。

郑良树，《孙子斠补》，台北：台湾学生书局，1974年。

邱复兴编，《孙子兵学大典》全十卷，北京：北京大学出版社，2004年。

可以据此了解现代中国社会对《孙子》的应用。第八卷《著述提要》（穆志超、苏桂亮）是对实物进行过认真调查后再加以解说的《孙子》相关文献解说目录（对未查看的资料书中有明确标记）。

（2）中国的兵法

Joseph Needham、Robin D. S. Yates, Science and Civilization in China, vol. 5, pt. 6, *Military Technology: Missiles and Sieges*, Cambridge University Press, 1994.

湯浅邦弘『よみがえる中国の兵法』大修館書店、二〇〇三年。

李零，《简帛古书与学术源流（修订本）》，北京：生活·读书·新知三联书店，2008年（初版2004）。

北京大学出土文献概论的讲义。第十一讲是关于出土兵书的简明扼要的概述。

张震泽，《孙膑兵法校理》，北京：中华书局，1984年。

以1975年版《银雀山汉墓竹简（壹）》为基础的《孙膑兵法》三十篇的注释。

金谷治訳注『孫臏兵法』東方書店、一九七六年。

2008年的ちくま学芸文庫版则删去了插图和附录论文的翻译。

D. C. Lau 、Roger T. Ames, *SUN BIN: The Art of Warfare*, Albany: State University of New York Press, 2003.

相对于金谷治译注是以1975年版《银雀山汉墓竹简（壹）》认定的《孙膑兵法》三十篇为对象，刘殿爵等人则追加了《五教法》，共收录了三十一篇（可参照正文表2）。

大西克也「上海博物館蔵戦国楚竹書《曹沫之陳》訳注」『出土文献と秦楚文化』三、東京大学文学部東洋史研究室、二〇〇七年。

日文翻译再加上高水平的中文译注。

严灵峰，《周秦汉魏诸子知见书目》（四），北京：中华书局，1993年。

刘申宁，《中国兵书总目》，北京：国防大学出版社，1990年。

二　各章的参考文献

第一部分

第一章　战争的语言化

D. C. Lau, "Some Notes on the Sun tzu," *Bulletin of the School of Oriental and African Studies*, 28.2（1965）.

虽然是早期的一篇批评格里菲斯译《孙子》的论文，但是对研究《孙子》文本而言是必读的资料。

石井真美子「『孫子』の構造と錯簡」『学林』三三、中国藝文研究会、二〇〇一年。

Mark Edward Lewis, *Sanctioned Violence in Early China*, New York: State University of New York Press, 1990.

第二章　成书与传承

何炳棣,《有关〈孙子〉〈老子〉的三篇考证》,台北:"中央研究院"近代史研究所, 2002 年。

齐思和,《孙子著作时代考》,《燕京学报》第 26 期, 1940 年。

金德建,《孙子十三篇作于孙膑考》,《古籍丛考》,昆明:中华书局, 1941 年。

郑良树,《论〈孙子〉的作成年代》《论银雀山出土〈孙子〉佚文》《〈孙子〉续补》,《竹简帛书论文集》,北京:中华书局, 1982 年。

浅野裕一「十三篇『孫子』の成立事情」『島根大学教育学部記要(人文・社会科学)』一三、一九七九年。

山田崇仁「N-gram モデルを利用して先秦文献の成書時期を探る——『孫子』十三篇を事例として」二〇〇四年十一月一日。http://asj.ioc.u-tokyo.ac.jp/html/034.html。

高橋未来「杜牧撰『注孫子』について——兵学と儒学とをむすぶもの」『中国文化』六六、中国文化学会、二〇〇八年。

阿部隆一「金沢文庫文「施氏七書講義」残巻について」『阿部隆一遺稿集』二、汲古書院、一九八五年。

刘琳,《施子美与〈施氏七书讲义〉》,《宋代文化研究》第三辑,成都:四川大学出版社, 1993 年。

许友根,《武举制度史略》,苏州:苏州大学出版社, 1997 年。

Joseph-Marie Amiot, *Les Treize Articles de Sun-Tse*, 1772. 法文翻译。未见

原书，参考的是 *Mémoires concernant l'histoire, les sciences, les arts, les mœurs, les usages, &c. des Chinois, par les missionaries de Pe-kin, tome* VII , Paris, 1782。

E. Cholet, *L'art militaire dans l'antiquité chinoise: Tiré de la traduction du P. Amiot*(*1772*), Paris: Charles-Lavauzelle et Cie, 1922.

後藤末雄著、矢沢利彦校訂『中国思想のフランス西漸』1・2、平凡社東洋文庫、一九六九年。

第三章 日本的《孙子》

大谷節子校注「兵法秘術一巻書」『日本古典偽書叢刊』第三巻、現代思潮新社、二〇〇四年。

石岡久夫『日本兵法史——兵法学の源流と展開』上・下、雄山閣出版、一九七二年。

足利衍述『鎌倉室町時代之儒教』日本古典全集刊行会、一九三二年。

川瀬一馬『増補新訂 足利学校の研究』講談社、一九七四年（初版一九四八年）。

川瀬一馬『古活字版之研究 増補版』日本古書籍商協会、一九六七年。

和島芳男『中世の儒学』吉川弘文館、一九六五年。

玉村竹二『日本禅宗史論集』全三冊、思文閣出版、一九七六—八一年。

野口武彦『江戸の兵学思想』中公文庫、一九九九年（初版为中央公論社、一九九一年）。主要讲的是江户时代的《孙子》研究。

佐藤堅司『『孫子』の思想的研究——主として日本の立場から』（謄写版印刷）、一九五九年。后出版为『孫子の思想史的研究——主として日本の立場から』（風間書房、一九六二年。原書房、一九八〇年）。『孫子の体

系的研究』(風間書房、一九六三年)与前一年的著作有颇多重复之处。

前田励『近世日本の儒学と兵学』ぺりかん社、一九九六年。

前田励『兵学と朱子学・蘭学・国学』平凡社、二〇〇六年。

第四章 在帝国与"冷战"之下

T. H. E. Travers, "Technology, Tactics, and Morale: Jean de Bloch, the Boer War, and British Military Theory, 1900-1914," *The Journal of Modern History*, 51.2, « Technology and War »(1979).

A. Hamish Ion, "Something New under the Sun: E. F. Calthrop and the Art of War," *Japan Forum*, 2.1(1990).

Bruno Navarra, *Das Buch vom Kriege*, Berlin: Boll u. Bidarst, 1910.

Scott A. Boorman, Howard L. Boorman, "Mao Tse-tung and the Art of War," *The Journal of Asian Studies*, 24.1(1964).可帮助了解美国政府的中国共产党研究与格里菲斯译《孙子》之间的关联。

Mao Tse-tung (tr. Samuel B. Griffith), *On Guerrilla Warfare*, New York: Praeger, 1961.

Samuel B. Griffith, *The People's Liberation Army*, New York: McGraw-Hill, 1967. 通过上述两种材料可以了解格里菲斯对中国军事史及中国人民解放军的见解。

佐藤堅司「『孫子』への回顧」『史観』第三四・三五合冊、早稲田大学史学会、一九五一年。

岡村誠之『孫子の研究——その現代的解釈と批判』立花書房、一九五一年。

岡村誠之遺稿『孫子研究』岡村マスエ、一九七四年。

板川正吾『孫子の兵法と争議の法則』東武交通労働組合出版部、

一九五一年初版、五二年増補改訂版。改題并改订后出版为『孫子——名将の条件』(日中出版、一九九二年)。

村田宏雄・北川衛・村山孚『孫子』経営思潮研究会、一九六二年。

山口英治「兵書に学ぶ経営のセンス」『経営者』日経連弘報部、一九六二年一二月号。

(無署名)「なぜ売れる"孫子の兵法"」『藝術生活』一九六三年一月号。

林周二「経営論における孫子ブーム批判」『中央公論』一九六三年月号。

武田泰淳「「孫子」の兵法」『武田泰淳全集』第一五巻、筑摩書房、一九七二年(首次印刷出版可能是1963年)。

数字化资料「朝日新聞戦前紙面データベース」「朝日新聞戦後見出しデータベース」「昭和の讀賣新聞」。

第二部分

第一章　为了帝王

『群书治要』宫内省図書寮、一九四一年(影印四七轴、活字翻刻四七册、解説・凡例・正誤表一册)。影印为精美的双色印刷的卷子本,朱点清晰。翻刻(删去训点)则修改了部分文字。

『群书治要』(古典研究会叢書　漢籍之部)全七册、汲古書院、一九八九—九一年。在前记1941年版的影印的基础上,增加了尾崎康、小林芳规写的解题。不含翻刻。因是单色印刷所以朱点较难辨认。

是澤恭三「群書治要について」『MUSEUM 東京国立博物館美術誌』一一〇、一九六〇年。关于东京国立博物馆藏九条家旧藏写本的报告。

尾崎康「群書治要とその現存本」『斯道文庫論集』二五、一九九一年。

第二章　形与势

フランソワ・ジュリアン著、中島隆博訳『勢　効力の歴史』知泉書館、二〇〇四年。原著为 François Jullien, Traité de l'efficacité, Paris: Bernard Grasset, 1996.

第三章　应要不确定

石井真美子「『孫子』兵勢篇と「奇正」」『学林』三五、二〇〇二年。

石井真美子「『孫子』虚実篇考——「虚実」の解釈とその編纂過程」『学林』三六・三七、二〇〇三年。

宇佐美文理「「形」についての小考」『中国文学報』七三、二〇〇七年。

成田健太郎「書体を詠う韻文ジャンル「勢」とその周辺」『日本中国学会報』五九、二〇〇七年。

今西凱夫訳注『碁経十三篇』、呉清源解説『玄玄碁経集』１、平凡社東洋文庫、一九八〇年。

第四章　集体与自然条件

西田龍雄『西夏王国の言語と文化』岩波書店、一九九七年。

K. B. Keping, *Sun TSzy v tangutskom perevode: faksimile ksilografa*, Moskva: Nauka, 1979.

最早的《孙子》西夏文译文研究。Keping 做了俄文译注和图像版。王民信的《西夏文〈孙子兵法〉》(《书目季刊》第十五卷第二期，1981 年) 则给本书图片加上了简单的介绍，进行了缩小转载。

黄振华，《西夏文孙子兵法三家注管窥——孙子研究札记之一》，宁夏文物管理委员会办公室等编《西夏文史论丛（一）》，银川：宁夏人民出版社，

1992年。

关于与《孙子十家注》在《军争篇》上的不同，正文列举了三条，注释中列举了十五条。

林英津，《夏译〈孙子兵法〉研究》，台北："中央研究院"历史语言研究所，1994年。

在Keping的研究成果的基础上，尝试新的解读、注释，是非常优秀的研究。西田隆雄所作的书评发表在『東洋学報』七七卷一・二（一九九五年）。下面这篇论文讲的是西夏文译《孙子》中的动词前缀，对于更准确地解读此书而言具有很高的参考价值。林英津，《孙子兵法西夏译本中所见动词词头的语法功能》，《"中央研究院"历史语言研究所集刊》第五十八本第二分，1987年。

E. I. Kyčanov、H. Franke, Tangutische und chinesische Quellen zur Militärgesetzgebung des 11. bis 13. *Jahrhunderts, München: Verlag der Bayerischen Akademie der Wissenschaften*, 1990.

Kyčanov负责《贞观玉镜统》的德文翻译和图片，Franke负责书中关于中国和西夏军事法典的概说以及11至13世纪中国军事法典资料的德文翻译和图片。陈炳应的《贞观玉镜将研究》（银川：宁夏人民出版社，1995年）一书就是以此书的图片为基础，然后加上中文翻译和解说。

小野裕子「西夏文軍事法典『貞観玉鏡統』の成立と目的及び「軍統」の規定について」、荒川慎太郎ほか編『遼金西夏研究の現在』一、東京外国語大学アジア・アフリカ言語文化研究所、二〇〇八年。